RENÉ VIVIANI

Président du Conseil
Ministre des Affaires Étrangères
en 1914

RÉPONSE
AU KAISER

J. FERENCZI ET FILS, ÉDITEURS

PARIS — 9, rue Antoine-Chantin, 9 — PARIS

RÉPONSE AU KAISER

RENÉ VIVIANI

Président du Conseil
Ministre des Affaires Étrangères
en 1914

ÉPONSE U KAISER

J. FERENCZI ET FILS, ÉDITEURS
PARIS — 9, rue Antoine-Chantin, 9 — PARIS

A Madame René VIVIANI

A la mère d'un héros,
A la protectrice des petits enfants,
A ma femme adorée,
A celle qui pendant la guerre
a soutenu mon courage,
je dédie
ce livre écrit sous ses yeux
et publié après sa mort.

R. V.

20 Février 1923.

CHAMBRE DES DEPUTES

DISCOURS DE M. René VIVIANI
Président du Conseil des Ministres,
Ministre des Affaires Etrangères,
(Séance du 4 aout 1914.)

M. René Viviani. — *Messieurs, la Chambre et le Sénat ont voté définitivement les projets que nous avions eu l'honneur de vous soumettre. La Chambre et le Sénat sont, par conséquent, arrivés à l'heure de l'ajournement de leurs séances.*

En ajournant elle-même ses séances, la Chambre maintient la session ouverte, la cohésion avec le Gouvernement qui est sur ces bancs et dont tout le monde pensera qu'il n'est pas un Gouvernement de parti, mais un Gouvernement de défense nationale. (Applaudissements vifs et prolongés sur tous les bancs. — Toute la Chambre, debout, acclame M. le Président du Conseil.)

Avant que nous nous séparions, avant que nos mains tendues s'étreignent, je voudrais, au nom du Gouvernement, remercier la Chambre du magnifique et réconfortant spectacle qu'elle a donné, prouvant que c'est ici que réside l'unité nationale. (Vifs applaudissements.)

Je la remercie d'avoir donné ce spectacle. Jamais n'a été plus vraie qu'en ce jour sacré cette noble fiction constitutionnelle, au nom de laquelle nous proclamons que chacun de vous n'est pas le représentant de sa circonscription, mais le représentant de la France. (Nouveaux applaudissements vifs et prolongés sur tous les bancs.)

Vous me permettrez, avant de descendre de la tribune, de saluer la noble nation dont vous êtes les dignes représentants.

Je salue aussi tous les partis, confondus aujourd'hui dans la religion de la patrie. (Vifs applaudissements prolongés et unanimes.)

Je salue notre glorieuse jeunesse, ponctuellement, méthodiquement organisée, qui marche vers la frontière le front levé et le cœur vaillant. (Vifs applaudissements.)

Je salue enfin la France! Regardez-la telle qu'elle est : elle a le torse droit, elle porte, dans une main qui ne tremble pas, le drapeau qui abrite nos espérances et nos fiertés. (Vifs applaudissements prolongés.)

Maintenant, élevons-nous à la hauteur des souvenirs glorieux de notre histoire, faisons face à notre destin, soyons des hommes et une fois de plus debout acclamons la France immortelle. (Vifs applaudissements unanimes et prolongés. — Tous les députés, debout, acclament le président du conseil.)

RÉPONSE AU KAISER

CHAPITRE PREMIER (1).

LE PERSONNAGE AVANT LE DRAME

Je prends la plume après avoir lu, naturellement, avec attention, les Mémoires de l'empereur. Je vais y répondre, négligeant ce qui est négligeable, ambitieux d'édifier une rapide et exacte synthèse, et non une table des matières. Je résumerai, quand cela sera nécessaire, les parties saillantes de ces Mémoires, auxquelles la plupart du temps, la vérité infligera un démenti. Je tâcherai de suivre à travers les contradictions, les demi-aveux, les inexplicables silences, les pages vides des démonstrations promises et attendues, la pensée souvent vacillante de leur auteur.

Je marquerai l'effroyable désordre de l'esprit et l'inconscience plus effroyable encore avec lesquels l'ancien empereur affirme et écrit, en 1921 sans doute, en 1922 peut-être, sans tenir aucun compte des documents abondants que l'histoire a moissonnés pour les jeter aux pieds de la justice.

---

(1) Tous les chapitres qui vont suivre et qui composent ce livre ont été traduits et ont paru dans de nombreux journaux de France, de l'Europe, de l'Amérique du Nord, de l'Amérique du Sud et du Japon.

Le livre de l'empereur paraît avoir été écrit en 1918, à l'époque de la chute et de la fuite, quand, nous, nous ignorions la plupart des faits et des télégrammes que, lui, empereur, connaissait bien, puisqu'il les avait commentés dans des notes quelquefois ordurières.

Qu'espère l'écrivain qui paraît manier la plume plus mal encore que l'épée? Les livres de certains Allemands, que leur conscience a élevés jusqu'au courage; les révélations de 1919 du nouveau gouvernement du Reich, et qui ont substitué, au premier Livre blanc contenant 36 documents, un Livre blanc de 838 documents: les révélations bavaroises; les révélations du Livre rouge autrichien, — tout cela, il l'ignore. Les terribles dépêches de l'ambassadeur d'Autriche à Berlin, il les tait et il affirme comme si elles n'avaient pas existé. Il sait cela comme nous cependant; il en sait même plus que nous, car on a sans doute emporté du palais impérial de graves documents, à l'heure même où, en 1918, l'auguste et héroïque empereur pourvoyait à sa sûreté propre en enjambant les cadavres dans sa fuite éperdue.

Tels sont les Mémoires.

Ajoutez à cela la redite inlassable de la propagande allemande, les informations qui se contredisent de page en page, les mensonges ordinaires, et vous aurez une opinion exacte, avant d'y porter les mains, de l'œuvre impériale à laquelle ces pages rapides appuyées sur des documents et sur des preuves, vont maintenant essayer de répondre.

L'empereur a fait remonter ses Mémoires, comme il était naturel, aux premières années de sa jeunesse, à l'heure où vient s'asseoir sur son front, pour le malheur du monde, la responsabilité définitive. Là nous pourrons le suivre, mais d'un pas rapide, car les souvenirs sont incontrôlables. Aussi bien, l'utile effort que nous tentons dans ces pages ne peut pas porter seulement sur cette partie des Mémoires, qui pourrait avoir un intérêt en temps normal, mais qui disparaît au contact du grand drame auquel l'empereur l'ayant organisé, a présidé. Tout s'estompe, se diminue, qui vient de la personnalité même la plus haute à côté des faits monstrueux de la guerre. Et quel bruit mériterait d'être retenu longtemps, que ce soit le bruit d'un trône qui s'écroule et d'une dynastie qui choit dans le mépris public, à côté du sinistre tumulte des armées qui marchent, s'élancent, tombent, vainqueurs et vaincus confondus, dans une mêlée de quatre années ?

Cependant, chaque pierre sert à l'édifice, chaque enquête à la vérité, chaque fait est nécessaire.

D'où vient l'homme qui a mené le monde au désastre le plus grand de l'Histoire, qui l'aurait jeté à l'abîme si des générations immortelles ne s'étaient dressées au cri de la justice ? Le plus humble, comme le plus grand, le plus pur comme le plus misérable, et surtout celui-là que sa puissance de mal a distingué des autres, peut mériter un examen portant sur son passé et même plus haut et plus loin, sur sa race, ses antériorités, ses ancêtres. Par quelle élaboration mystérieuse s'est formée cette âme? Quels individus ont constitué l'espèce à laquelle il appartient et l'ont précédé? Les tares et les vertus, les gloires et les infamies, tout ce que porte en lui un héritage moral altéré ou enrichi par des mélanges, quel rôle tout cela a-t-il joué? Quelle part, après la naissance et depuis la première et innocente éducation de l'enfant, ont eue l'éducation de l'adulte et celle de l'homme, le contact, la leçon de l'extérieur qui vaut si souvent une empreinte par la force? On peut rechercher tout cela, on le doit, que cette enquête rétrospective serve l'homme qui en est l'objet ou bien lui nuise.

D'où est sorti l'homme qui, maintenant, promène après le désastre qu'il a amené, sa morgue aux chemins rétrécis d'une hospitalité qu'il a rendue scandaleuse?

Un château redoutable — citadelle, palais, prison — massif et sévère, rude et glacé, fut le premier abri de la race qui s'élançait, au douzième siècle, pour rançonner la région, comme plus tard, après le triomphe, insolente, élargissant la rapine, elle tentera de rançonner le monde. Ce fut le berceau des Hohenzollern.

De ce haut burg, que rappelait souvent l'empereur même, les Hohenzollern sont partis d'abord à la conquête de l'Allemagne. On sait que la devise qui s'étale encore sur les restaurations romantiques du roi Frédéric-Guillaume IV, porte : *De la montagne à la mer*. Ce fut le mot d'ordre de la race. Bien entendu, pendant des siècles, ce fut là le gîte des rançonneurs, pareils d'ailleurs aux autres nobles d'Allemagne, fondant sur la plaine, s'enrichissant du meurtre et du pillage. Ce fut le droit de la force, le droit du poing...

Vers la fin du treizième siècle, les Hohenzollern recevaient le landgraviat de Nuremberg. Faut-il rappeler que le burgrave Frédéric-Guillaume va recevoir le Brandebourg, contrée plate, sol ingrat, que Frédéric II appela « la sablière » de l'Allemagne, sans commerce, sans industrie? L'effort pour briser ces entraves, déserter ce néant, accroître le domaine, agrandir la race, augmenter la puissance, va être douloureux et long, fait de coups de force et de perfidie, de sollicitations et de menaces, en un mot, d'une politique qui sera la même plus tard quand elle sera portée sur un plus grand théâtre. La fortune avait déjà souri à ces hommes, quand l'accès sur le Rhin (1614) leur fut donné. Voici venu l'instrument d'enrichissement et de guerre...

Sous l'action du Grand Electeur (1640) jusqu'à la mort de Frédéric II (1786) tout va plaire et profiter aux Hohenzollern. Alliés sans scrupule des Polonais, des Suédois, des Français, des Bavarois, des Russes, des Saxons, ils les trahissent tour à tour, violent les traités, inaugurent, en un mot, la politique de l'avenir, qui sera vraiment formée et armée en 1700, quand ils se font reconnaître rois de Prusse. Devenus alors les égaux des rois, ils élèvent la Prusse, à la mort de Frédéric II, à la hauteur des grandes nations.

Ainsi se crée, pour se solidifier, s'étendre, se transmettre comme un puissant et redoutable héritage, la conception que nous trouvons dans ce rude berceau de l'Etat militariste. Cette conception a traversé le XVIIe, le XVIIIe siècle, pour rayonner d'une lumière sinistre en 1870 et en 1914. Elle a résisté à tout, à la noble évolution des idées, au mouvement révolutionnaire qui a régénéré l'Europe. Elle a, finalement, tenté de déchirer la liberté dans un duel formidable. C'est à ce spectacle historique dont il a rempli ses yeux, chaque jour plus allumés par la convoitise, c'est dans l'ivresse qu'il lui communique, c'est dans le rayonnement dont il l'enveloppe que l'empereur Guillaume II a grandi dès sa première enfance, et il en était grisé au jour du couronnement.

Le Grand Electeur administra, unifia, centralisa. Il éleva l'armée prussienne de 230 hommes à 24.000 hommes.

Frédéric-Guillaume Ier, sur cet exemple, fonde la bureaucratie. Ce fut le roi sergent, sévère et méthodique, imprégné du règlement, fournissant avec l'exemple la leçon quotidienne à son fils, celui qui devait être le Grand Frédéric. Pour ce dernier, il fixa lui-même les principes qui devaient guider ses pas : « *Il faut imprimer à mon fils l'idée que rien dans le monde n'est capable de donner à un prince la gloire comme l'épée; il serait une créature méprisée s'il n'aimait pas cette idée, s'il ne cherchait en elle et pour elle la gloire universelle.* »

Frédéric II profita de ces leçons; il va continuer

à aiguiser l'épée redoutable. Il élève l'armée jusqu'à 180.000 hommes. Afin d'assurer cet immense recrutement, immense pour l'époque et pour la pauvreté du pays, il mobilise tout, attire à lui toutes les forces, tarit les causes de la vie, en appelant les sources du commerce, de l'industrie, de l'agriculture. Supérieur d'esprit et emporté par de déplorables instincts, il a laissé son opinion sur la manière de conduire les peuples. Il crée le principe meurtrier qui détruira la liberté humaine. Pour lui, la force et la grandeur de l'Etat sont le but suprême de l'Etat : « *L'intérêt autorise tout, fourberie, mensonge, violation de la foi jurée* », écrivait-il dès 1746 : « *Quand le prince aperçoit dans un traité un danger pour son peuple, il doit donc le violer, à regret, mais sans hésiter.* »

Toutes ces théories, Frédéric II les illustra par son propre exemple. Ses instructions à ses envoyés à la cour de France et à la cour d'Angleterre sont des chefs-d'œuvre de duplicité. Cet homme qui dans sa jeunesse, avait écrit l'*Anti-Machiavel*, édifiant les principes contre le vol, le brigandage et autres actes criminels, devait, à la fin de sa vie, prendre part à l'odieux partage de la Pologne. L'Etat prussien devint, sous Frédéric II, le type de l'Etat-machine dont le prince est le rouage essentiel. Mais une telle concentration, sous un régime d'absolutisme, qui se déguise en despotisme éclairé, requérait une main ferme. Aussi, à la mort de Frédéric II, les ressorts se détendirent. La Prusse s'arrêtait brusquement dans sa marche. La guerre resta bien l'industrie nationale de la Prusse, comme le disait Mirabeau, mais l'unité germanique ne devait se réaliser que plus tard.

Ce sont là les trois hommes qui ont fondé l'Empire. Du fond de leur royaume étriqué, même quand il fut élargi, ont-ils rêvé à l'extension dans le monde, à la domination totale et perpétuelle, à l'empire de fer? Ont-ils été suivis sur le trône par des héritiers dignes d'eux, héritiers de leurs tares, non point toujours de leur vigueur? On ne saurait égaler cette rapide étude à l'histoire des rois de Prusse. Elle serait forcément incomplète. Etendue, elle serait d'ailleurs inutile.

Trois héritiers se succédèrent. Soit par le contraste établi entre eux et leurs prédécesseurs, soit par leur faiblesse propre, ces héritiers pâlirent, et pour eux l'histoire peut en rester à la nomenclature.

Le premier, Frédéric-Guillaume II, trisaïeul de Guillaume II, est un soldat toujours disposé à avancer, mais n'allant pas cependant jusqu'au bout de ses initiatives. Adversaire de la Révolution française, il vint jusqu'à Valmy, mais il se hâta de rebrousser chemin devant les troupes de la République.

Son fils, Frédéric-Guillaume III, indécis et changeant, ne se fait pas remarquer par son énergie, sauf cependant, au lendemain d'Iéna, où les événements et la collaboration de ministres zélés, l'aidèrent à restaurer sa patrie.

Quant à Frédéric-Guillaume IV, il est incapable et inerte. Partisan de l'unité de l'Allemagne, il laisse échapper l'occasion de la réaliser quand elle se présente. Ce prince, terrassé comme son grand-père par une attaque d'apoplexie, sombre peu après dans la déchéance de l'esprit.

C'est alors qu'en 1856, son frère Guillaume, âgé de soixante ans, prend la régence en attendant de monter sur le trône en 1861. C'était lui qui allait donner enfin un cours aux aspirations unitaires de l'Allemagne. Le destin de l'Allemagne qui avait refusé à la Prusse, sous trois règnes successifs, sa faveur, va se fixer. Un homme puissant et redoutable, intelligence robuste et conscience insondable, fin et brutal, patient et impétueux, méprisant tout, les rois, les hommes, les faits, la justice, la vérité, sorte de monstre de l'intelligence déchaîné. Bismarck va apparaître. Fit-il le bonheur de l'Allemagne? Oui, pour ceux qui n'ont pas regardé jusqu'en 1914.

C'est au début de la régence du prince Guillaume, le 27 janvier 1859, que naquit, à Berlin, Frédéric-Guillaume-Victor-Albert de Hohenzollern, le futur empereur de la guerre. Il était par sa mère de sang anglais, et il ne paraît pas avoir reçu la froideur du sang britannique, ni l'humour de l'esprit. Sa mère, Victoria, était princesse royale de Grande-Bretagne, et fille de la reine Victoria et du prince Albert. Son père était le prince royal de Prusse, Frédéric-Guillaume, qui devait régner sous le nom de Frédéric III.

Au foyer, à l'heure où le cerveau reçoit la première empreinte, il trouva une heureuse influence d'esprit. Le fin esprit de sa mère, qui ne rencontrait aucun obstacle pour son œuvre d'éducation dans l'élégant libéralisme de son milieu, tentait d'influer sur le jeune enfant et de l'arracher aux prises de la « prussification ». En réalité, on l'élève contre Bismarck, dont l'ombre est redoutable à ceux qui aspirent au trône. Quant au père, doué d'une grande largeur d'esprit, il ne se préoccupait pas moins de l'éducation du jeune héritier. On trouve dans son journal, à la date du 27 janvier 1871, à la veille de la capitulation de Paris, les souhaits qu'il formait pour son fils : « *Puisse-t-il devenir un homme fort, loyal, fidèle et sincère, un vrai Allemand, qui, sans préjugés, continue l'œuvre commencée!* » Puis suivent ces terribles lignes que, sans doute avec une sorte de pressentiment qui paraît avoir attristé la fin de sa vie, le père traça sur son fils : « *On a vraiment peur quand on pense quelles espérances reposent sur la tête de cet enfant et quelles responsabilités nous incombent devant notre patrie pour la direction de son éducation.* » O prophète! A son lit de mort où, comme le geôlier guette le prisonnier, son fils vint, le regard sec, surveiller l'agonie, n'a-t-il pas aperçu plus nettement la responsabilité qu'il semblait quelques années auparavant avoir devinée?

Afin de faire de lui un homme plus semblable à ses semblables que ne l'est en général le dauphin confisqué par la courtisanerie sous la pourpre et dans l'encens, on plaça le jeune enfant dans une université. C'est là qu'il se forme, loin de l'éducation familiale et sous l'action lente, mais sûre, d'un contact étranger, il va modifier peu à peu son esprit. Comment expliquer, cependant, que la douceur maternelle n'ait pu le préserver de la haine précoce contre l'Angleterre ? Cette haine lui faisait même désirer un rapprochement avec la France. Le jeune prince avait alors dix-sept ans ; il se révélait ambitieux et mégalomane.

A l'université de Bonn, où Guillaume est inscrit à une célèbre corporation d'étudiants, d'abord enjoué, il vécut de la même vie que ses camarades, participant volontiers, le soir, aux longues beuveries où le chauvinisme allemand se donnait libre cours dans ses chants. C'est là que naquit en lui, jusqu'au jour où se dressa devant son trône le personnage redoutable, son enthousiasme pour Bismarck. Dans sa famille, entre sa mère, qui tenait en médiocre estime le chancelier, son père, qui lui reprochait ses illégalités, et sa gouvernante, originaire du Slesvig-Holstein, qui avait conservé de 1864 un douloureux souvenir, Guillaume avait été préservé de l'engouement que le peuple ressentait à cette époque pour Bismarck. A Bonn, il rencontra un fanatique de Bismarck, professeur d'histoire, qui veilla au redressement de ses sentiments. « Lorsque le prince quitta l'université, écrivit-il plus tard, il était devenu, grâce à moi, un fervent admirateur du prince de Bismarck. Je suis fier d'avoir obtenu ce résultat. »

A l'influence de l'université, ou à l'influence que déterminent certaines rencontres, s'ajoutait l'influence de la caserne ; là, la dernière empreinte fut donnée à sa conscience.

Le jour de son entrée effective au service, le 7 juin 1887, son grand-père lui rappela, en présence des officiers du régiment, les devoirs particuliers des rois de Prusse à l'égard de l'armée : « Ta jeunesse a coïncidé avec une période glorieuse; tu as dans ton père un modèle de conduite de la guerre et des batailles. Dans le service que tu vas faire, tu rencontreras bien des choses, en apparence insignifiantes, qui te sembleront étranges, mais tu dois apprendre que, dans le service, il n'y a rien d'insignifiant et que chaque pièce dans l'édifice de l'armée doit être bien façonnée, si l'édifice doit réussir et rester solide. »

Il est assez naturel que se retrouvent, comme au fond du creuset, en l'âme de Guillaume II, les caractères les plus typiques de la race. Mais il ne put s'affranchir jamais, pour ceux que n'aveuglait pas la parade, de l'infériorité d'esprit. Les qualités de force lui firent en réalité défaut. Sa fin le démontre encore plus que sa vie et rien n'apparaît à cette fin du chêne robuste sous son écorce vite déchirée.

Ce qu'il aime dans l'armée, c'est la consigne, la minutie, la parade, la raideur de l'attitude, la chevauchée, l'uniforme étincelant aux jours radieux des revues. Il est d'une ponctualité extrême qui le conduit quelquefois au chemin de l'absurde. Le matin même de son mariage, il va décorer un sous-officier à Potsdam. Il transporte jusqu'à son foyer l'esprit soldatesque : un jour, il fait défiler devant son père ses enfants habillés en artilleurs, même le plus petit qui n'a que dix-huit mois et qui est caporal; ils doivent, au commandement, tourner la tête vers le vieux Guillaume. Devant les troupes, il ne manque jamais d'exalter l'idéal militaire, et de rappeler les vertus guerrières : « *Cultivez le sentiment d'absolue fidélité envers votre haut chef, dit-il, c'est votre premier devoir.* » C'est là la perpétuelle identification de l'armée et de sa personne, l'absorption, par un être privé, de toute l'Allemagne dans toute sa personne. Il dit aussi : « *Nous nous appartenons l'un à l'autre, moi et l'armée; nous sommes nés l'un pour l'autre, et nous resterons unis par un lien indissoluble, soit que nous ayons, par la volonté de Dieu, la paix ou la tempête.* »

La volonté de Dieu! Ce n'était pas seulement avec la nation, après tout composée d'hommes comme lui, quoique sa grandeur les tînt en mépris, ce n'était pas seulement avec la nation qu'il s'identifiait, c'était même avec Dieu! Dieu fut son collègue. Il l'invoque à toute heure, chaque jour, en son palais, à cheval, la plume à la main, avilissant l'idée religieuse en l'accouplant au cabotinage. On a dit de Dieu qu'il avait créé le monde en six jours, et puis qu'il s'était reposé le septième. C'est faux. Ce jour-là, il préparait le limon divin dont fut fabriquée cette âme extraordinaire. Dieu se tint même à sa disposition pour châtier de ses sanctions ceux qui peuvent gêner ses représentants sur la terre. On le voit, ce fut une des formes de la folie. Il est pénétré de sa mission divine.

Champion de la race germanique, il doit se consacrer tout entier à cette mission. Il acceptera de tout cœur ceux qui voudront l'aider dans sa tâche, mais « *ceux qui voudront me gêner, je les écrase* ». Il ne lui vient pas à l'idée, une fois, que sa mission, fût-elle divine, exigerait de la mesure. M. Walter Rathenau a écrit : « *Pour être grand, il manquait à Guillaume d'avoir fondé sa nature sur une volonté immuable; pour être génial, il lui manquait un jugement sain et profond, une imagination de haut vol. Enfin, et c'est tout le trait essentiel, il ne surmontait jamais l'habitude de s'occuper de son moi.* »

Absence de volonté réfléchie et persévérante, défaut de jugement et d'intelligence réelle, vanité superbe et orgueil immense, tels sont les caractères qui ont fait de Guillaume un être essentiellement différent de ses grands ancêtres. Il se plaisait à dire pourtant : « *En moi, comme en mon ancêtre (le Grand Electeur), il y a une volonté inflexible, et malgré toutes les résistances, je continuerai toujours, invariablement, dans la voie que j'aurai une fois reconnue être la bonne.* » Il n'eut jamais ni cette « volonté inflexible », ni cette énergie constante, sans cesse tendues vers le même but, qui avaient permis aux Frédéric II, aux Guillaume Ier, aux Bismarck, de réaliser leurs desseins. Il copiait bien leur attitude, mais, au fond, il était pitoyablement faible, « faiblesse qui ne peut se passer d'un appui », constate Rathenau. Aussi inconstant dans ses désirs que dans ses admirations et ses antipathies, il avait été, tout enfant, bien jugé par son grand-père : « *C'est un jeune homme à frasques et qui donnera du fil à retor-*

are à ceux qui se chargeront de le dresser. » Hélas! pas seulement à ceux-là. Le jeune homme à frasques est devenu l'homme des coups de théâtre, des décisions brutales et irraisonnées, de l'obstination, née d'un suprême orgueil, du mépris des hommes qui, d'ailleurs, le lui rendent bien. C'est là l'indice de l'incurable débilité.

Ses allures fantasques décelaient d'ailleurs son manque de jugement. Quand il fut question de l'initier, à l'âge de vingt-sept ans, aux affaires de l'Etat, son père, le prince Frédéric, qui jugeait à leur juste valeur les capacités intellectuelles de son fils, écrivait à Bismarck : « *Sa culture générale est pleine de lacunes et il lui manque un fonds véritable. Cette absence de maturité et cette inexpérience de mon fils, doublées de sa tendance à l'exagération, me font considérer comme dangereux de le laisser approcher, dès maintenant, des affaires étrangères.* » Hélas! il s'en est approché passé la cinquantaine, plus incapable encore, plus autoritaire. Le père avait tout prévu, en ce fils qui fut, pour lui, indigne jusqu'après sa mort, — tout, sauf qu'il ferait massacrer des millions d'hommes. Il ne faut pas le laisser approcher des affaires étrangères!!!

Borné dans sa culture, brillant et superficiel dans sa conversation, voulant étonner les visiteurs par ses connaissances, apprenant la veille du jour où il voulait étourdir un personnage étranger, politique ou savant, une thèse, mais incapable, sans tomber à la niaiserie, de continuer plus de cinq minutes, il n'a jamais réalisé un type complet. Que l'amour de la parade lui ait été remis au berceau, soit! Il l'a fait monter jusqu'au délire. Bismarck voyait juste quand il disait : « *C'est un homme qui aimerait avoir chaque jour son anniversaire ou des entrées solennelles, des réceptions, des cortèges, et, dans son orgueil, le rôle d'arbitre du monde lui plairait.* »

Cette soif de domination a été le plus puissant mobile des actes de Guillaume. La volonté d'être le seul maître lui fit chasser Bismarck presque au lendemain de son avènement; le désir d'être le maître du monde allait le pousser à déchaîner la plus horrible des guerres.

Bien avant son avènement, son caractère ambitieux et autoritaire était clairement apparu; sa conduite indigne à l'égard de son père en est une illustration de plus.

Au cours de son premier voyage à San Remo, en novembre 1887, il ne cacha certes pas son impatience à régner; il se conduisit à la manière d'un héritier qui épie les derniers moments de son parent. Dans cette famille si peu prussienne, il ne cessa de vanter les qualités du prince de Bismarck, homme unique! Ce manque de délicatesse était habituel chez Guillaume II. Il ne quitta San Remo qu'après une consultation qui ne laissait aucun doute sur le caractère inguérissable de la maladie du kronprinz.

Frédéric, devenu empereur, puisa dans son âme la volonté de rentrer en Allemagne, où il ne devait régner que trois mois, au cours desquels le jeune

Guillaume, assuré de monter bientôt sur le trône, se signala encore par des manifestations inconvenantes. Dans un banquet en l'honneur du chancelier, comparant l'empire à un régiment, dont le colonel (Guillaume Ier) était à terre et dont le lieutenant-colonel (Frédéric III) chevauchait encore, bien que grièvement blessé, il terminait son allocution par une ovation au chancelier, le porte-drapeau : « Qu'il marche devant, nous le suivrons! »

Quelques semaines plus tard, le 15 juin 1888, Frédéric III mourait. Guillaume s'empresse de placer un cordon de troupes aux abords du château mortuaire afin de pouvoir se livrer en toute sécurité au triage des papiers du défunt. Il paraît même que certaines lettres l'auraient renseigné sur l'opinion de son père à son sujet et que les correspondants de l'empereur Frédéric n'auraient pas eu à se louer de cette découverte. Le jour des funérailles, Guillaume joua son rôle en acteur superbe, déchaînant sur son passage les applaudissements de la foule. Puis, les fêtes et cérémonies de l'avènement se déroulèrent avec une pompe et un faste inouïs, dans une débauche de proclamations au peuple allemand, à l'armée et à la marine, de déclarations et d'adresses.

Il allait enfin régner, la mort deux fois propice à sa prière ayant livré passage à son ambition frénétique. Il avait échappé à l'influence familiale, grandi dans l'empoisonnement du chauvinisme, monté à cette hauteur où l'autocratie n'entend pas la censure quand celle-ci ose se prononcer. Elevée jusqu'au paroxysme, après les années tranquilles qui avaient succédé à la guerre de 1870, rassasiée du butin de la victoire, ayant atteint la dernière limite de la folie collective, la génération acclamait son jeune empereur.

Celui-ci prenait, d'un pas allègre, le torse dressé, la tête haute, le regard insolent, la place laissée par un vieillard et aussi par un malade que la pitié avait entouré et qu'enveloppait maintenant l'oubli. Sa jeunesse, sa vantardise qui simulait la bravade (on l'a vue en 1918), le contraste établi entre lui et ceux qui étaient partis disgraciés par l'âge et par la vie, et, surtout, la présence à la tête des affaires-étrangères allemandes du colosse qui avait fait de ses mains, tachées de sang, mais infatigables, l'unité allemande, tout excitait et rassurait en même temps la nation allemande.

Que disent maintenant en eux ceux qui se souviennent? Et nous, les victimes, qu'est-ce que nous pouvons dire?

Nous allons le voir.

CHAPITRE II

UN PAYS DE GUERRE

C'est une question que nous ne saurions poser, encore moins résoudre en ces pages rapides, que celle de savoir si l'orgueil, l'ivresse, la folie collective, cette incurable maladie qui a tué l'Allemagne, après avoir tenté de contaminer le monde, est née de l'université ou de la caserne, si elle est issue du seul enseignement des philosophes ou sortie des faits. A vrai dire, l'ordre psychologique, même étendu à une collectivité en marche, n'est pas ici le nôtre, et une étude aussi approfondie réclamerait un autre développement. Mais il est cependant aisé de remarquer que l'éclosion de ces générations emportées, violentes, rebelles à tout enseignement de l'extérieur, indociles à toute influence de l'étranger, est due à deux causes,

La Prusse fut un royaume pauvre, médiocre, qui, malgré sa ferme volonté de vivre, ne le pouvait qu'en réalisant son ambition de s'étendre au delà de lui-même, et par conséquent au delà de ses frontières. Pareille à un être emprisonné et qui, ne pouvant encore briser les barreaux de sa cage, les veut cependant écarter afin de s'ouvrir un étroit passage, la Prusse, sous l'action de ses anciens chefs, puis des trois monarques dont nous avons parlé, surtout enfin sous l'impulsion de Frédéric II, se voua à cet effort. Comment agir, s'étendre, confisquer, ce qui n'est qu'un coup de force, mais conserver, puis s'étendre encore, d'une volonté insatiable, si on consulte la morale, le droit des autres et même les rares principes que l'esprit humain, au XVI° siècle et au XVII° siècle, a pu déposer comme autant de scrupules en la conscience naissante des Etats? A qui n'avait d'idéal que la conquête pour la conquête, la question ne fut même pas posée.

Sans même se demander où pouvait être la loi morale et si la violence d'un jour n'engendrerait pas le principe continu, puisque fructueux, de la violence permanente, les monarques agirent. Ce fut, on peut bien le dire, l'application à la politique du système des corsaires sur la mer. D'abord une discipline qui étouffe dans la collectivité toute illusion d'indépendance, toute pensée, toute critique, bien entendu toute révolte. Puis, si le cerveau reste vide, que la main s'arme et que surtout elle frappe! Enfin, aucun raisonnement : c'était l'interdiction, d'ailleurs superflue, de Frédéric. Ainsi l'Etat prussien se crée, non pas, comme dans les autres pays, pour le profit supérieur des hommes qu'il gouverne, mais pour lui-même, pour tout absorber, en un mot assimiler en lui l'individu comme la matière. L'Etat est tout : le droit, la morale, la force.

En vain, la Révolution française passe foudroyante et brise les trônes. Elle ne renverse pas cette conception. En vain, la Révolution de 1848, d'un aspect plus international, apparaît; elle émeut, impressionne, soulève par son romantisme les âmes, provoque quelques mouvements généreux qui prennent la même forme de tourmente, et puis tout retombe sous la botte du soldat et pour toujours.

De ce matérialisme politique, dont le militarisme fut l'arme, découla le matérialisme économique, qui en fut le guide et le propagateur, puis le matérialisme social qui, lourdement imposé à la classe ouvrière allemande, a trop dominé la pensée française et trop longtemps écarté les idées de Rousseau, de Considérant, de Louis Blanc, de Proudhon.

Sous cette éducation, on a vu, on verra encore ici ce que devint l'indépendance socialiste en Allemagne.

Pour l'heure, nous retenons les sinistres leçons qui viennent de la philosophie et de la littérature allemandes géminées. Ce ne fut pas, comme chez nous, dans notre glorieux XVIIIe siècle, la pensée qui crée en l'esprit l'indépendance de la raison, la philosophie qui proclame le droit de tous, la cohorte des juristes qui sertissent la formule meurtrière des traditions surannées, le génie qu'emprisonna la Bastille et qui usa la pierre séculaire dont le peuple brisa ensuite les vestiges. Là-bas, toute pensée fut matière, resta matière, ne servit qu'à raffermir la matière. Ainsi la Prusse avait formé sa conception omnipotente et unitaire.

Le crime de la pensée en Allemagne, si on excepte quelques esprits rebelles à l'emprise cependant générale, fut d'avoir toléré cette conception que le raisonnement devait être asservi à la force. C'est un spectacle vraiment humiliant pour l'esprit, et même pour le regard, que ces longues dissertations souvent rapportées, et que nous retrouverons en partie tout à l'heure, faisant de la force une divinité dont l'homme est l'esclave et dont l'Allemagne est le temple.

Comment une nation pourrait-elle vivre autrement que celle qui a adopté ces principes? Cela serait incompréhensible. De là, il est facile de conclure que toute nation est inférieure qui s'en écarte, qu'elle doit être méprisée, honnie, qu'elle doit, si l'intérêt l'exige, être asservie par une alliance, ou, si un autre intérêt l'exige, être combattue.

Donc, haine à l'Angleterre que protège sa barrière mouvante et qui arrête la force allemande et neutralise son commerce! Haine à la France, même dès le début du XIX⁰ siècle, alors qu'elle fut cependant, par la philosophie du XVIII⁰ siècle, si utilement bienveillante à Frédéric et à la Prusse! Haine surtout aux révolutions libératrices où s'ensevelit dans les peuples le respect ancien pour l'autorité! A ce ramassis d'hommes, l'Allemagne est supérieure. Elle est au-dessus de tout.

Ainsi ont grandi, depuis le début du XIXᵉ siècle, ces générations. Le travail de concentration s'opérait lentement, tenu en échec par un vague libéralisme, par les leçons venues de Kœnigsberg, à la voix de Kant, et les hautes pensées de Gœthe. Les différents États ne se ressemblaient pas, et si des similitudes d'esprit et de race les faisaient cependant se rejoin-dre, il n'y avait cependant pas là un faisceau résistant, et la mentalité de leurs différents habitants avec celle des Prussiens n'était pas identique. En un mot, la jonction était prête et non encore le moule puissant et compresseur. A cette unité qui fut le grand rêve de Frédéric II, il fallait un intérêt primordial et l'homme qui le pût servir. L'héritier véritable du grand roi n'était pas né sur les marches du trône et le génie, redoutable et fatal, allait venir, possédant ce qui man-quait à tous les autres : la volonté.

Ce maître attendu paraît en 1862 : c'est Bismarck. C'est lui qui va achever « par le fer et par le sang » l'œuvre commencée au XVIIᵉ siècle par le grand élec-teur, et continuée au XVIIIᵉ siècle par Frédéric II; c'est lui qui fera une réalité des aspirations des intel-lectuels allemands vers l'unité nationale.

Le 23 septembre 1862, le roi Guillaume confie à Bismarck la présidence du conseil. Le gouvernement est alors en plein conflit avec le Landtag, au sujet des lois militaires. Le roi, en digne héritier des Hohen-zollern, a entrepris de renforcer l'armée; il lui faut

190.000 hommes sur le pied de paix, 450.000 sur le pied de guerre; les effectifs de première ligne seront doublés; pour cela, le service universel de trois ans, prévu par la loi militaire de 1814, doit être strictement appliqué. Ces projets de réorganisation déplaisent à la Chambre des députés; cependant, en vue de permettre une exécution restreinte du programme royal, des crédits provisoires sont votés avec lesquels le roi crée des formations définitives. La Chambre, mécontente de ces procédés, irritée surtout du ton du ministre de la guerre, le général de Roon, qui lui dénie le droit de discuter ses demandes, refuse tous les crédits nécessaires pour la réforme, le 23 septembre 1862.

La veille, Bismarck a eu à Babelsberg un long entretien avec le roi qui, excédé, parle d'abdiquer; il lui conseille, au contraire, la résistance; à cette seule condition, il acceptera la présidence du conseil. « Le gouvernement parlementaire direct, dit-il, est à éviter à tout prix, fût-ce au prix d'une dictature. » Pendant quatre ans, avec Bismarck, ce sera la dictature.

Son passé répond de l'énergie qu'il va déployer dans la lutte. D'ancienne noblesse brandebourgeoise, le baron Otto de Bismarck s'est signalé dès 1847 par sa haine contre le régime parlementaire; en 1849, il est de ceux qui conseillent au roi de ne pas accepter la couronne impériale, et lors de l'octroi de la Constitution prussienne, il proteste contre l'introduction en Prusse des institutions parlementaires et surtout contre

le vote du budget par le Landtag. Dès son arrivée
au pouvoir, il va passer outre à l'opposition de la
Chambre; ne pouvant obtenir un vote de crédits, il
invoque la « lacune constitutionnelle ». La Constitution, en effet, n'a pas prévu le cas où l'un des trois
organes, roi, Chambre des seigneurs ou Chambre des
députés, n'est pas d'accord avec les autres. Avec
hauteur, il expose à la Chambre qu'à défaut de
compromis, c'est « celui qui a la force en main qui
va de l'avant dans son sens ». Cette maxime de gouvernement, sous une forme plus brève, « la force
prime le droit », restera la marque ignominieuse de
la politique allemande de la fin du XIXe siècle et
de 1914.

Bismarck, dès lors, ne présente plus le budget au
Landtag, qui est ou prorogé, ou dissous. Avec ce
budget inconstitutionnel, voté seulement par la Chambre des seigneurs, il porte tous ses efforts sur la réorganisation de l'armée, qui sera, grâce au génie militaire de Moltke, le puissant instrument de sa politique. C'est par la force et la violence que Bismarck
entend réaliser son unique pensée : l'unité de l'Allemagne. Quelques jours à peine après son arrivée au
pouvoir, il l'annonçait ainsi à la commission du budget du Landtag : « *L'unité de l'Allemagne ne sera
réalisée ni par des discours, ni par des décisions de la
majorité, mais par le fer et par le sang.* » Le culte
de la force, la prédilection pour les moyens violents,
l'oubli volontaire de la parole donnée, il les a puisés
surtout dans l'étude attentive de la vie et des actes

de Frédéric II, qu'il citera souvent plus tard comme modèle au futur Guillaume II.

Pour Bismarck, la Prusse n'a pas démontré, depuis la mort du Grand Frédéric, de vraies tendances nationales; sa destinée, en effet, n'est pas tant de s'agrandir constamment que d'assurer sa prééminence en Allemagne; elle ne peut oublier qu'entre elle et l'Autriche, c'est un duel à mort : l'une des deux doit disparaître de la scène germanique. Le devoir de la Prusse est apparu clairement à Bismarck au cours de sa longue mission comme plénipotentiaire de son pays à la Diète de Francfort, et il a précisé sa pensée dans un mémoire au roi, daté de 1858, sur la nécessité d'inaugurer une politique prussienne allemande indépendante; l'Autriche cherche à acquérir l'hégémonie dans la Confédération en s'appuyant sur la Constitution; il faut donc détruire cette Confédération; une guerre victorieuse contre l'Autriche s'impose.

L'armée prussienne sans doute est prête, mais il est, en outre, nécessaire d'obtenir l'appui ou la neutralité des grandes puissances. Bismarck, qui, au cours de ses missions diplomatiques à Vienne, à Saint-Pétersbourg et à Paris, a pu étudier les souverains et les hommes d'Etat et pénétrer les tendances des gouvernements, va manœuvrer de façon à isoler l'Autriche, en faisant des promesses à la Russie, à l'Italie, à la France.

La méthode des coups de force qu'il a adoptée et qu'il a maintes fois définie, il l'appliquera à trois reprises successives, d'abord en 1864 contre le Danemark, en 1866 contre l'Autriche et en 1870 contre la France.

En 1864, sous prétexte de se substituer à l'action de la Diète contre le Danemark, qui s'est annexé le Slesvig, la Prusse et l'Autriche envahissent ce pays; après une courte campagne, la paix est signée et le roi Christian renonce aux duchés. Bismarck a pu juger à l'œuvre la supériorité de son armée sur l'armée autrichienne et, en instituant par le traité de Gastein un condominium austro-prussien sur le Slesvig, et le Holstein, il espère y trouver le prétexte d'une guerre contre l'Autriche. Naturellement, la Prusse a profité de l'opération; elle s'est annexée le Lauenbourg et les trois duchés sont entrés dans le Zollverein.

Bismarck a pris confiance en lui. Dès qu'il croit, après son entrevue de Biarritz avec Napoléon III, pouvoir compter sur la neutralité de la France, et dès la conclusion d'une alliance avec l'Italie, il précipite la crise autrichienne; le Holstein, administré par l'Autriche, est envahi, et la Diète est saisie d'un projet de réforme de la Confédération, excluant l'Autriche, qui riposte en faisant décréter par cette Diète la mobilisation contre la Prusse. Mais par une offensive foudroyante, l'armée prussienne s'empare de la Saxe, du Hanovre, de la Hesse, et, pénétrant dans le quadrilatère de Bohême, inflige aux Autrichiens, renforcés des Saxons, une défaite écrasante à Sadowa, le 3 juillet 1866, quinze jours après l'entrée en campagne. Bismarck commence par annexer, sans consulter les populations, le Slesvig, le Holstein, le Hanovre, la Hesse, en invoquant comme raisons « le droit de conquête » et « le jugement de Dieu », et aux commissions du Landtag qui demandent s'il n'est pas d'autres titres, il répond : « Notre droit, c'est le droit de la nation allemande d'exister, de respirer, de s'unir ». La Confédération germanique est définitivement dissoute par le traité de Prague, qui prévoit la constitution d'une confédération de l'Allemagne du Nord, comprenant en réalité toute l'Allemagne, sauf la Bavière, le Wurtemberg, la Bade et la Hesse-Darmstadt, qui concluent cependant avec la Prusse des traités d'alliance offensive et défensive. L'unité militaire de l'Allemagne est presque complètement réalisée; le roi de Prusse, président de la Confédération et chef de l'armée, a à sa disposition plus d'un million de soldats.

Cependant, les annexions violentes, ainsi que le régime prussien appliqué dans la Confédération, provoquent partout des mécontentements; dans les Etats du sud, les instinct particularistes se réveillent. Bismarck sent qu'il est nécessaire, pour réaliser l'unité définitive et vaincre l'antipathie de tous contre la Prusse, de faire naître un sentiment plus fort : la haine contre un ennemi extérieur, la France. Il y travaille pendant trois ans.

L'occasion de la guerre fut la candidature d'un Hohenzollern au trône d'Espagne. Le prince Léopold a tout d'abord décliné l'offre qui lui est faite, mais Bismarck le fait revenir sur cette décision. Et, comme une deuxième fois, à la suite d'une active action diplomatique, Léopold renonce à nouveau, Bismarck, furieux de voir s'échapper le prétexte de guerre tant attendu, publie le 13 juillet, après l'avoir falsifiée, une dépêche reçue d'Ems et relatant les négociations de la journée entre le roi de Prusse et Benedetti, ambassadeur de France. Cette dépêche apparaît comme une insulte pour la France, en même temps qu'aux yeux de l'Allemagne il semble qu'on ait voulu humilier le roi Guillaume.

Le 19 juillet 1870, la France, trompée par un faux qui ne fut révélé par son auteur qu'en 1891, déclare la guerre; le 2 septembre, après un mois de combats, Napoléon III capitule à Sedan. Mais Paris, investi, soutient un siège héroïque et la lutte continue en province, jusqu'à l'armistice du 28 janvier 1871. Bismarck se montre dans les négociations de paix avec Thiers et Jules Favre d'une dureté inouïe, par le traité de Francfort (10 mai 1871). La France doit céder l'Alsace et la Lorraine, payer une indemnité de cinq milliards en trois ans et subir jusqu'au payement complet les rigueurs de l'occupation. L'annexion des deux provinces se fait, comme les annexions de 1866, sans consultation préalable des habitants. Réalisée par de tels actes, l'unité allemande, réclamée au nom du principe des nationalités qui découle du « droit » des peuples à disposer d'eux-mêmes, apparaît plutôt comme la négation même de ce principe.

Dès le mois de novembre 1870, l'unité allemande étant chose faite, les Etats du sud étaient entrés dans la Confédération. Mais au mot « Confédération » sera substitué le mot « Reich », et le 18 janvier 1871, à Versailles, dans cette galerie des Glaces où devait être signée, quarante-huit ans plus tard, la défaite du « Reich », l'empire allemand est proclamé.

Bismarck vient de réaliser l'unité de l'Allemagne, qu'il a placée au premier rang parmi les puissances européennes; pendant les longues années qu'il passe encore au pouvoir, il s'efforcera constamment d'asseoir davantage l'hégémonie germanique en Europe et de maintenir et renforcer dans l'empire l'unité politique et morale.

A l'extérieur, Bismarck craint par-dessous tout une coalition contre l'Allemagne; il veut être sûr du concours de certains Etats, de la neutralité des autres. « Nous avons fait, déclare-t-il, en 1879, des guerres victorieuses à deux grandes puissances européennes; il importe de soustraire une des puissances que nous avons vaincues à la tentation de s'allier à d'autres pour prendre sa revanche. » C'est à l'Autriche que Bismarck s'adresse. L'année 1872 marque le début du rapprochement austro-allemand, où la Russie intervient d'abord, par le pacte des trois empereurs; mais à la suite du congrès de Berlin — 1878 — où Bismarck apparaît comme l'arbitre de l'Europe, et du refroidissement qui s'ensuit dans les rapports russo-allemands, le chancelier pousse activement à la conclusion d'une alliance avec l'Autriche, l'ancienne vaincue de Sadowa et l'adversaire de la Russie en

Orient. Cette alliance, signée le 7 octobre 1879, est uniquement dirigée contre la Russie.

À ce groupement vient se joindre, en 1882, l'Italie, qui, depuis longtemps, recherche l'amitié de Berlin et qui, dans la première forme de la Triple-Alliance, s'engage seulement à rester neutre en cas de conflit avec la Russie. Lors du renouvellement de février 1887, des accords complémentaires viseront plus particulièrement la situation en Méditerranée et la France.

A l'égard de cette dernière puissance, le désir de la maintenir le plus longtemps possible dans un état d'infériorité a dominé toute la politique de Bismarck qui, tout en faisant à la France, à certaines périodes, des avances pacifiques, en encourageant même des expéditions coloniales destinées à lui faire oublier l'Alsace et la Lorraine, ne néglige cependant aucune occasion de l'isoler, et n'hésite pas à plusieurs reprises, en présence du relèvement trop rapide de l'ennemie de 1870, à manifester sa mauvaise humeur et sa brutalité par des mesures d'intimidation ou des menaces de guerre.

Les relations des deux pays passent, en 1873-1875, puis en 1886-1887, par des crises graves, provoquées par le chancelier, sous l'influence de Moltke et du parti militaire.

En 1873, se déchaîne contre la France une campagne violente, qui ne se calme, vers le milieu d'avril, que devant l'attitude ferme du gouvernement français et grâce aux interventions, à Berlin, du tsar et de la reine Victoria. Mais, dès avril 1874, la campagne d'intimidation reprend et redouble de violence au printemps de 1875; les armements français, la nouvelle loi militaire de mars 1875 sont dénoncés dans la presse, dans les notes diplomatiques; on parle en Allemagne de la nécessité d'une guerre préventive. Mais la France, qui n'a rien à se reprocher et ne veut pas la guerre, ne cesse de protester de ses intentions pacifiques, et une double démarche du tsar et de la reine Victoria parviennent encore à calmer le gouvernement allemand.

De nouveau, au printemps de 1886, commence l'agitation qui se terminera seulement en 1887 par l'incident Schnœbelé. La presse, au cours de l'hiver 1886-1887, prépare l'opinion allemande à toute éventualité; des mesures militaires sont même prises. C'est alors qu'éclate l'incident Schnœbelé; le commissaire de police de Pagny-sur-Moselle se rend, sur l'invitation de son collègue allemand, à la frontière; là, des agents allemands se jettent sur lui, l'arrêtent sur le territoire français, et, inculpé d'espionnage, Schnœbelé est déféré à la Haute-Cour de Leipzig. Le gouvernement français a fait preuve en cette occasion de grand sang-froid. Bismarck, devant les faits matériels de l'agression, se montre décontenancé et l'incident est clos quelques jours après.

Cette crise détermine, d'ailleurs, un rapprochement entre la France et la Russie, prélude de l'alliance; les provocations de Bismarck ont ainsi un résultat contraire à celui qu'il en attendait. Mais ces crises auxquelles il attache, certes, une grande importance comme moyen d'action diplomatique, sont aussi calculées et voulues dans un but de politique intérieure. Dans cet Etat fédéral, où les Etats particuliers ont conservé leurs institutions et leur vie propre, il est nécessaire de créer une communauté d'intérêts et d'aspirations pour renforcer les liens constitutionnels; le fantôme de la revanche française est un instrument dont Bismarck joue à merveille pour exciter le chauvinisme germanique. Il profite des crises pour obtenir plus facilement le vote des lois militaires; en 1874, il fait ainsi porter l'armée à 401.000 hommes sur le pied de paix; mais cette réforme, que Bismarck voudrait définitive, n'est votée que pour sept ans, puis renouvelée en 1880, à la faveur d'une nouvelle campagne de presse; en janvier 1887, il réclame encore par avance le renouvellement du septennat, le Reichstag refuse, et il est dissous le même jour; moins d'un an après, en décembre 1887, un nouveau projet, augmentant les forces allemandes sur le pied de paix de près d'un demi-million d'hommes, est présenté et voté le 6 mars 1898.

Bismarck a été soutenu dans son œuvre de réorganisation de l'empire et d'unification morale par les efforts des intellectuels qui l'ont aidé dans la formation de l'esprit public. Leurs idées, professées dans les universités, répandues dans les livres, sont inlassablement propagées et diffusées par une presse « reptilienne » à la solde du chancelier. Et si, avant les coups de force de 1866 et 1870, certains historiens ou savants, persuadés sans doute de la suprématie nécessaire de la Prusse, hésitent cependant sur les moyens, au lendemain de Sadowa et de Sedan, les yeux se sont ouverts; la force est devenue le droit : il faut enseigner cette vérité et en élaborer la théorie.

La guerre, la violence, le droit de la force vont trouver des théoriciens sans nombre; dès 1868, un professeur de l'Université de Berlin, Lasson, publie une singulière brochure sur l'idéal de la culture et la guerre (*Das Kulturideal und der Krieg*). *Entre Etats, conclut-il, il n'y a qu'une force de droit : le droit du plus fort... Il est donc parfaitement raisonnable que des guerres aient lieu entre Etats. Le faible est, malgré tous les traités, la proie du plus fort aussitôt que celui-ci le veut ou le peut. La guerre est un phénomène fondamental dans la vie d'un Etat... On peut ajourner bien des choses; mais si l'occasion s'en présente, que celui qui a la force et se sent prêt tranche les questions par l'épée.*

Cette apologie de la guerre, faite avec un tel cynisme, souleva bien alors quelques protestations; mais les victoires de 1870 se chargèrent de les calmer. Dès lors, littérateurs et professeurs s'efforcent de justifier la maxime de Bismarck : « *Là où la puissance de la Prusse est en question, je ne connais pas de loi.* »

Le plus célèbre de ces professeurs, Treitschke, a été, de 1875 à 1895, le grand éducateur de la pensée germanique. Dans son histoire de l'Allemagne au XIXᵉ siècle, comme dans son enseignement, ses discours ou ses livres, on retrouve le patriote passionné, farouche, sectaire, qui n'aspire nullement à une réputation d'impartialité. Il s'applique surtout à démontrer l'excellence des institutions des Hohenzollern, à expliquer l'histoire de l'Allemagne par la Prusse. « Combien de fois n'avons-nous pas cherché à démontrer théoriquement aux petits Etats que, seule, la Prusse pouvait prendre la direction de l'Allemagne! La preuve vraiment déterminante a dû leur en être fournie sur les champs de bataille de Bohême et du Main. » Il justifie tout par ces mots : « En politique, on ne peut juger que ce qui a réussi. » Il parle sur un ton lyrique des grandes boucheries humaines et de leur signification, et met chacun en garde contre ceux qui prêchent la paix universelle, « la plus dangereuse des utopies ». « La guerre, écrit-il, demeure la seule forme de procès, et, même en des temps de haute culture, conserve toujours sa puissance plastique de faire des Etats. Notre époque est une époque de guerre, Notre âge est un âge de fer. Si le fort l'emporte sur le faible, c'est la loi inéluctable de la vie. »

Cette conception biologique de l'histoire, qui tend à soumettre l'Etat, organisme vivant, à la loi universelle de la lutte pour la vie, s'est développée en Allemagne sous l'influence du grand naturaliste Hæckel, qui y introduisit les théories de Darwin sur l'évolution des espèces. La jeunesse universitaire, au lendemain de 1870, se passionne pour les leçons de Hæckel, qui sont la vérification des idées reçues sur la supériorité des races et la justification de tous les excès du militarisme; c'est Hæckel qui propose de remplacer la devise « Liberté, égalité, fraternité », par les mots « Déterminisme, inégalité, sélection ». En même temps que s'affaiblit le sentiment religieux du peuple allemand, cette sorte de religion biologique, le « monisme », vient exalter les idées impérialistes.

A ceux qui ne vivaient pas comme nous tout près de ce volcan dont les fumées épaisses contenaient déjà la foudre, qui avaient pour s'en séparer des abîmes creusés par la nature, tandis que les nôtres étaient creusés par l'histoire, à ceux-là nous demandons ce qu'ils auraient ressenti dans ce voisinage. Comment ne pas apercevoir dans l'ombre le spectre de la guerre et ne pas deviner qu'une pareille philosophie de la force, empoisonnant l'adulte, l'accompagne dans la vie et le dispose aux pires excès ? Les excès ? Ils n'existent que par la confrontation entre le bien et le mal, lesquels supposent, pour être perçus, une conscience et des principes de morale au moins communs.

Tout l'effort de la pensée allemande a été, pendant le XIXᵉ siècle et aussi le XXᵉ, d'isoler l'Allemand des autres hommes, de l'isoler politiquement, moralement, économiquement, de le proscrire dans sa race divine, d'éviter la pénétration des idées étrangères qui auraient dissous peu à peu ce sanglant orgueil. Le cynisme des plans de guerre découle du cynisme des idées générales par lesquelles était régie la nation allemande.

La guerre venait donc à grands pas, par l'école, par le livre, par la conférence, par la presse, par les hautaines leçons de l'Université, institutrice de la caserne et pourvoyeuse des champs de bataille. Et si nous, qui étions plus près, nous avons depuis plus de cinquante ans commis une faute, c'est de n'avoir pas pris garde, d'avoir compté sur notre bonne foi, sur notre ardent désir de paix, d'avoir cru que, rassasiée par la victoire, l'Allemagne enfin suivrait une autre destinée, en un mot de lui avoir imputé des idées dont toute autre nation eût été fière.

En cet état, Guillaume trouvait l'Allemagne, dont il allait d'ailleurs se montrer digne. Du haut du trône, deux ans après son avènement, en 1891, à Potsdam, il s'adressait ainsi à ses troupes : « *Vous m'appartenez corps et âme; si je vous donnais l'ordre de tirer sur vos pères et sur vos mères, vous devriez m'obéir sans murmurer.* » Ainsi, jeune encore, le front radieux des faveurs de la fortune, régnant sur un peuple vainqueur, heureux et riche, l'empereur ne trouvait en son cœur et en sa conscience que cet ordre sanglant. On pense ce que pouvaient être les soldats à qui leur chef traçait ce sinistre devoir, en les tournant non pas vers les obligations imposées par la patrie, mais vers le meurtre deux fois impie des guerres civiles.

L'instrument fit plus tard ce que voulait la main.

CHAPITRE III

LA COURSE A L'ABIME

Guillaume, qui s'est montré si impatient d'être empereur, qui a inauguré son règne par tant de manifestations, ne peut résister longtemps au désir orgueilleux de se montrer dans toutes les cours d'Allemagne et d'Europe.

La Russie, la Suède et le Danemark d'abord, puis l'Angleterre et Rome, — où le Vatican n'est pas négligé, — enfin, Athènes et Constantinople reçoivent successivement sa visite. Partout, il apparaît splendide et divers, arborant des costumes multiples et changeant de ton et de physionomie avec l'habileté consommée d'un vieil acteur. Entre ces déplacements qui occupent la fin de l'année 1888 et presque toute l'année 1889, et qui, à Berlin, sont fortement critiqués, il ne manque pas une occasion de prononcer un discours et d'affirmer sa volonté de continuer les traditions de sa race et surtout de perfectionner l'œuvre de son « inoubliable grand-père » !

Cette œuvre est personnifiée près de lui par Bismarck, fidèlement attaché aux Hohenzollern.

Au début, Guillaume ne cesse de lui témoigner sa gratitude et son admiration. Au cours de ses voyages et à chaque anniversaire, il lui adresse des télégrammes ridiculement lyriques. Mais le tempérament du chancelier ne s'accorde guère avec la fougue volontaire du jeune empereur, qui paraît avoir eu, dès son avènement, l'intention de s'en séparer. « Je laisserai, avait-il dit, le vieux Bismarck souffler six mois; puis je régnerai seul. » Bismarck, l'artisan de la grandeur allemande, ne s'attend certes pas à une telle ingratitude; il se sait tellement indispensable à l'empire, qu'en octobre 1889, il répond au tsar Alexandre III : « Je suis sûr d'être ministre toute ma vie. » Sans doute, de légers incidents ne manquent pas de se produire, mais Bismarck les met sur le compte de la « jeunesse de son maître ». Toutefois, au début de mars 1890, la publication d'une ordonnance impériale, non revêtue du contre-seing du chancelier, provoque une première explication dépourvue d'aménité. Celle-ci est suivie de la démission de Bismarck.

Dès lors, Guillaume est le maître et il se hâte de l'affirmer dans un discours : « Il n'y a qu'un maître dans le pays, c'est moi; je n'en souffrirai pas d'autre à côté de moi. »

Il se comporte en souverain absolu, sans souci ni de ses ministres ni du Reichstag. Il ne veut auprès

de lui que des serviteurs obéissants; son chancelier
ne devra être que l'exécuteur de ses ordres, ainsi qu'il
le dit au général de Caprivi, choisi pour remplacer
Bismarck. Hohenlohe, Bülow, Bethmann-Hollweg,
devront se plier aux mêmes exigences.

Guillaume se charge de diriger lui-même la politique étrangère de son pays. Mais la politique d'un
homme aussi changeant, aussi impulsif, aussi autoritaire, prendra un aspect dont le sens échappera souvent. Et il deviendra difficile, pour les chancelleries
d'Europe, de pénétrer le but ou les intentions de la
Wilhelmstrasse. Cette diplomatie, à l'affût de tous
les incidents, se mêlera à toutes les querelles, non pour
les apaiser, mais pour en profiter, jouant sans cesse
entre les puissances un perpétuel jeu de bascule. L'ambassadeur de Russie à Berlin, en 1895, qualifiait fort
justement cette politique de « versatile et dissol-
vante ».

Au début du règne, les alliances, forgées par Bismarck, paraissent devoir assurer à l'Allemagne une
longue hégémonie dans une Europe qui, elle, n'aspire
qu'à la paix. Guillaume s'est efforcé, par des échan-
ges de visites entre les souverains des trois pays alliés,
d'en resserrer les liens. La Triple-Alliance, qui ga-
rantit le *statu quo* méditerranéen, n'est encore l'objet
d'aucun soupçon de la part de l'Angleterre qui désire
surtout alléger le poids de ses armements : la France,
après l'agitation boulangiste, est tout entière absorbée
par des questions intérieures; les idées de revanche
prônées par une minorité s'estompent ; on ne peut

l'accuser de vouloir la guerre. Envers la Russie, Guillaume affecte une politique de prévenances, mais Alexandre ne peut oublier les grossiers procédés de Bismarck à son égard, et se rapproche de la France, sans cesser d'ailleurs d'entretenir des relations amicales avec l'Allemagne. L'alliance franco-russe, dont Guillaume connut évidemment le caractère purement défensif, ne paraît pas alors l'avoir inquiété; et Bulow a même reconnu en 1904, au Reichstag, que « cette alliance avait exercé une action pacifique en Europe ».

Guillaume va prendre sa double attitude : jeter au vent qui passe les déclarations pacifiques, et, à l'abri de cette rhétorique innocente, renforcer son armée contre un péril inexistant.

Les mesures de 1888, qui accroissaient les effectifs de guerre de plus d'un demi-million d'hommes, lui paraissaient maintenant insuffisantes ; à l'automne 1892, Caprivi dépose au Reichstag un nouveau projet augmentant de 86.000 hommes l'effectif de paix. Ce projet est refusé par le Reichstag qui est aussitôt dissous; il n'est voté qu'en juillet 1893, par la nouvelle Assemblée, à 13 voix de majorité. Confiant dans la force de son armée et certain de sa supériorité européenne, Guillaume peut donner libre cours à des rêves de politique mondiale; il lui faut des colonies et des points d'appui au delà des mers; il lui faut une flotte qui promène le pavillon germanique dans toutes les parties du monde. Un long effort sera nécessaire.

Dès l'année 1890, il acquiert des Anglais l'île

d'Héligoland, qui commande l'embouchure de la Weser et de l'Elbe, et en prend possession en grande
pompe le 1ᵉʳ juillet 1890.

Quelques semaines plus tard, le 23 septembre, inaugurant le nouveau port de Stettin, il lance sa formule
fameuse : *Notre avenir est sur l'eau.* Il s'entoure d'un
cabinet naval, distinct du cabinet militaire, et dirigé
par un amiral ; mais il est alors difficile d'obtenir du
Reichstag des crédits pour la flotte. Cependant, le
canal de Kiel, qui assure les communications rapides
entre les bases de la Baltique et les ports de la mer
du Nord, est inauguré en juin 1895, au milieu d'une
mise en scène grandiose.

C'est vers cette époque que se précisent, chez Guillaume, les conceptions de politique mondiale.

Dans un discours prononcé le 18 janvier 1896 à
l'occasion du 25ᵉ anniversaire de l'empire, il expose
ainsi la situation du pays : « *L'empire allemand est
devenu un empire mondial ; partout, dans les parties
les plus reculées du monde, habitent quelques-uns de
nos compatriotes. Les produits allemands, la science
allemande, l'industrie allemande se répandent au delà
de l'Océan. C'est par milliers de millions que se chiffre la valeur de ce que l'Allemagne transporte par
mer. Vous avez le devoir de m'aider à rattacher fermement ce grand empire allemand à l'empire d'Europe.* »

Ce discours définit nettement les causes qui ont
obligé Guillaume, déjà enclin aux rêves ambitieux,
à rechercher constamment des débouchés et à consti-

tuer une force navale capable de protéger son commerce mondial. Les causes économiques, certes, sont les plus déterminantes ; mais la volonté de domination universelle de Guillaume ne manquera pas de les utiliser pour ses desseins politiques.

Si les faits eux-mêmes ont amené l'empereur à une politique d'expansion, le mouvement des idées n'y est pas non plus étranger. Les industriels et les commerçants ont certes compris depuis longtemps la nécessité d'une grande Allemagne, mais ces idées doivent pénétrer la masse du peuple : les professeurs, les intellectuels, les historiens vont continuer leur œuvre. Déjà, l'enseignement de l'histoire s'est partout développé : c'est Guillaume lui-même qui en a pris l'initiative dès 1890 : il veut, surtout, que l'on insiste sur l'histoire contemporaine et que les cours commencent à « Sedan et Gravelotte, pour finir aux Thermopyles ». « C'est ainsi, dit-il, que l'on fera comprendre au peuple sur quelles bases sont édifiées son existence et sa force. »

Dans les universités, les vieilles théories sur la supériorité des races ont toujours cours : « L'Allemagne est vraiment le cœur de l'Europe, elle a pour mission de rajeunir, par la diffusion du sang germanique, les membres épuisés de la vieille Europe », et après avoir « organisé » l'Europe, on « fondera l'empire mondial où les seuls citoyens seront les Germains purs ». Mais, à la vieille école historique, qui disparaît avec Treitschke en 1896, se substitue un nouveau groupe dont Karl Lamprecht est un des plus illustres représentants. Pour cette nouvelle génération, élevée au milieu des progrès matériels du pays, c'est la force économique qui apparaît comme créatrice du droit et qui, avec le support de la force militaire, doit être le fondement de l'hégémonie mondiale germanique. « L'Empire n'est plus aujourd'hui », écrit Lamprecht, « un corps politique enfermé dans les limites territoriales, il est une puissance agissante dans l'univers. Il est partout où les intérêts économiques allemands étendent leurs tentacules. Il est tentaculaire. Les forces économiques doivent être mises en marche, comme l'armée et la flotte, qui ne font qu'un avec elle au point de vue de l'expansion nationale. » Le culte de la force apparaît alors amplifié, il est présent comme la caractéristique de l'époque de « libre entreprise », et Lamprecht ajoute : « Ce qui fait la force de l'armée et de la flotte, c'est un machinisme guerrier créé par le capitalisme. »

Toutes ces idées, enseignées par les professeurs d'universités aux classes cultivées, répandues dans les manuels scolaires ou les livres populaires, sont en outre propagées et entretenues dans le public, grâce à de nombreuses associations, telles que l'*Alldeutscher Verband*, ligue pangermaniste, fondée en 1894, et la *Flotten-Verein* ou ligue maritime, créée en 1896.

Par leurs milliers de conférences à travers l'Allemagne, par leurs millions de brochures, telles *la Grande Allemagne et l'Europe en 1900*, par leurs bulletins mensuels, comme les *Alldeutsche Blätter*, où s'étale cette phrase : « *Le peuple allemand est un peuple de maîtres, et comme tel doit être respecté par tous les autres peuples sur toute la terre* », ces ligues n'ont cessé de travailler à l'expansion germanique. L'*Alldeutscher Verband* s'efforçait surtout d'unir les Allemands répandus dans le monde afin qu'ils « continuent à faire corps avec la nation », et la *Flotten-Verein* développait chez tous la passion des choses maritimes.

Les efforts de ces ligues ont rencontré le meilleur appui auprès de Guillaume, qui leur accorde son patronage d'honneur et leur témoigne publiquement sa satisfaction. L'impulsion qu'il donne lui-même à la politique du pays leur trace la voie à suivre! Tous les Allemands doivent être pangermanistes et impérialistes. Par ses discours, il sera l'animateur, par ses actes le réalisateur de cette théorie de folie, le « Deutschtum », qui conduira ses adeptes à la guerre.

Dans les discours qu'il prononce de 1896 à 1900, on voit se fortifier ses idées de domination mondiale, en même temps que l'on saisit les réactions violentes que produisent chez cet homme impulsif les oppositions du Reichstag ou l'opposition des autres nations à tel ou tel de ses désirs.

En 1897, à l'occasion du départ de son frère Henri pour une croisière en Extrême-Orient, il célèbre le « florissant commerce allemand », mais constate qu'il « ne pourra se développer utilement que s'il se sent en sécurité. Le pouvoir impérial implique le pouvoir sur mer comme sur terre ».

En 1891, une grande flotte lui apparaît comme « une condition indispensable au maintien de la grandeur de l'empire et au développement de ses intérêts économiques ».

L'année 1900 va marquer l'apogée de cette politique mondiale poursuivie par Guillaume depuis 1895 avec, depuis 1897, l'aide de Bülow aux affaires étrangères et de Tirpitz à la marine. Guillaume pourra, au mois de juillet 1900, proclamer que « sur les flots de la mer et le long de ses rivages les plus lointains, aucune décision importante ne saurait être prise sans l'Allemagne, sans l'empereur allemand ».

A la même époque, l'empereur voit le couronnement de ses efforts pour doter son pays d'une flotte formidable.

De 1895 à 1900, il a multiplié les efforts pour faire triompher ses projets, intervenant lui-même auprès des membres du Reichstag, dessinant pour les salles du Parlement des tableaux qui schématisent l'importance proportionnelle des flottes. Mais l'opinion publique est surtout stimulée, à la fin de 1899, par la saisie de deux bateaux allemands par un croiseur anglais sur la côte d'Afrique, au cours de la guerre du Transvaal. Le Reichstag, qui avait voté avec quelques difficultés, en 1898, un premier projet présenté par Tirpitz, adopte en juin 1900, à une majorité des deux tiers, un nouveau projet doublant le programme de 1898 et prévoyant la construction de 38 vaisseaux de ligne et de 14 croiseurs cuirassés. Le préambule du projet expose, d'ailleurs brutalement, les intentions du gouvernement : « L'Allemagne doit avoir une flotte suffisamment forte pour que, même la plus grande puissance navale ne puisse pas risquer une guerre contre elle sans mettre en danger sa propre suprématie. Dans ce but, la flotte allemande doit être aussi forte que celle de la plus grande puissance navale, parce que celle-ci ne pourra pas, en général, concentrer toutes ses forces contre nous. » Tout cela sonne comme une menace à l'égard de l'Angleterre; mais Guillaume se gardera bien de l'accentuer, car il sait ce qu'il en coûte de heurter les susceptibilités britanniques. En 1896, son télégramme au président Kruger faillit amener la guerre et l'obligea à présenter des excuses à la reine Victoria. Aussi, tant que le programme naval ne sera pas réalisé, il se montrera surtout prodigue de déclarations pacifiques...

Le 8 avril 1904, l'accord franco-anglais apparaît. Cet accord du 8 avril 1904 couronne heureusement les efforts faits par le roi Edouard, depuis son avènement, en vue d'un rapprochement entre les deux pays. Le prince chez qui « le désir de paix est très prononcé », ainsi que le constate son neveu Guillaume, va employer tout son talent et toute sa diplomatie à consolider les relations pacifiques des peuples entre eux. Il sera « enclin à offrir ses bons offices partout où il verra des collisions possibles dans le monde ».

Il s'efforce, tout d'abord, de raffermir les rapports franco-japonais, un peu altérés au cours de la guerre russo-japonaise, et, le 10 juin 1907, entre la France et le Japon, lié à l'Angleterre depuis novembre 1902

par un traité d'alliance renouvelé le 12 août 1905,
un arrangement est conclu, qui peut être considéré
« comme la continuation de la politique pacifique de
la France, politique qui a pour but de prévenir toutes
les complications dans tous les coins du monde ».

Entre la Russie d'une part, et le Japon et l'Angleterre de l'autre, un rapprochement sera plus difficile
à réaliser; mais Edouard VII ne se rebute pas, et,
avec le concours du gouvernement français, il parvient à faire signer en 1907, le 20 juillet, un accord
russo-japonais, et, le 31 août, un accord anglo-russe
qui liquide toutes les difficultés pendantes en Asie.

La Triple-Entente est née, en face de la Triple-
Alliance. Elle s'affirmera chaque jour plus intime et
plus confiante entre trois gouvernements délibérément
pacifiques.

Le roi Edouard, homme plein de finesse et de modération, aime les situations nettes et sans équivoque;
il a horreur des grands gestes et des mots sonores; il
aime la France, qu'il connaît bien, et n'a qu'une sympathie modérée pour son neveu Guillaume, dont il
n'a pas oublié l'indigne conduite à l'égard de Frédéric III.

La France républicaine ne désire que vivre en
bonne intelligence avec tous les peuples. L'ère des
grandes expéditions lointaines est terminée; mais elle
entend développer en toute sécurité son domaine colonial méditerranéen, et conclut, à cet effet, des arrangements avec ses voisins, d'abord, en 1900 et 1902,
avec l'Italie, au sujet de la Tunisie et de la Tripoli

taine, puis, le 3 octobre 1904, avec l'Espagne, à propos du Maroc. Ce dernier accord sera d'ailleurs le prétexte d'un coup d'éclat de Guillaume II. A l'égard de l'Allemagne, la France ne nourrit pas de fougueuses idées de revanche, mais elle ne permettra pas qu'on la traite en puissance de second rang.

Quant à la Russie, à peine sortie des durs combats de l'Extrême-Orient, elle n'aspire qu'au repos. Le tsar Nicolas, qui, à la fin du XIXe siècle, a pris l'initiative d'une conférence de la paix à la Haye, va essayer, dans une deuxième conférence convoquée pour 1907, de trouver une solution au problème si délicat de la limitation des armements et de l'arbitrage obligatoire, auxquels feront d'ailleurs obstacle l'Allemagne, l'Autriche-Hongrie, la Bulgarie et la Turquie.

Entre trois gouvernements animés de tels sentiments, une entente ne peut viser qu'à un but pacifique, et même plus nettement pacifique que la Triple-Alliance.

En 1904, Guillaume et son chancelier Bülow ne dénonçaient pas l'Entente cordiale comme une menace, mais la formation en Europe de nouveaux groupements de puissances vient déranger les plans de Guillaume. Sans doute, à Berlin, on n'ignore pas que la Triple-Entente n'est dirigée contre personne et Bülow n'y voit qu'une forme nouvelle de la traditionnelle politique anglaise de l'équilibre, mais c'est là précisément aux yeux de l'empereur le danger qui menace l'hégémonie allemande en Europe. Sur ces trois puissances pacifiques mais unies, il deviendra difficile, au cours de négociations, de faire pression de tout le poids des armements allemands.

Et Guillaume et Bülow vont dénoncer à l'envi les efforts d'Edouard VII comme une « politique d'encerclement » destinée à isoler l'Allemagne.

Dès le 15 novembre 1906, alors que l'idée d'un accord anglo-russe est dans l'air, Bülow déclare au Reichstag qu'une « politique qui aurait pour but d'encercler l'Allemagne serait dangereuse pour la paix de l'Europe. Construire ainsi un cercle de puissances doit faire craindre une explosion ». Et Guillaume qui, depuis 1905, a maintes fois parlé de « poudre sèche » et « d'épée aiguisée », devient menaçant en 1907.

— L'Allemagne est prête, dit-il le 5 février, à fouler aux pieds ceux qui se mettront en travers de sa route.

Guillaume se croit toujours au temps de Bismarck, où toute l'Europe s'inclinait sur un signe de Berlin.

Le cercle imaginaire tracé autour de lui, Guillaume s'est efforcé, de 1904 à 1913, de le briser. Pour arriver à ses fins, tous les moyens lui sont bons : avances courtoises ou violentes, confidences intimes ou coups de théâtre, aveux confiants ou mensonges, négociations officielles ou démarches d'aventuriers. Il apparaît ainsi tel qu'il a toujours été : un grand acteur.

« *L'empereur*, a dit Holstein, qui fut associé pendant trente ans à la politique allemande, *a l'instinct du théâtre, non de la politique.* »

Agissant tour à tour sur la Russie pour desservir la France, auprès de la France pour l'éloigner de l'Angleterre, cherchant tantôt à briser l'alliance franco-russe, tantôt à y pénétrer en tiers, son seul objectif direct ou indirect est de rompre l'entente des puissances avec l'Angleterre, qu'il veut tenir isolée.

Dès 1904, il se tourne vers le tsar Nicolas, sur le faible caractère duquel il connaît son influence, et qui, en outre, est alors aux prises avec les graves difficultés de la guerre russo-japonaise — dont Guillaume est en partie responsable. Ne l'a-t-il pas encouragé constamment dans sa politique asiatique? Des télégrammes échangés entre les deux souverains, et qui ont été retrouvés dans les archives de Russie et publiés, éclairent vigoureusement les manœuvres pleines de perfidie et de duplicité du kaiser.

Au moment où la France s'emploie à éviter une rupture entre la Russie et l'Angleterre, à la suite des incidents du Dogger Bank, Guillaume, qui se félicite publiquement des heureux résultats de ce règlement pacifique, insinue sournoisement dans l'esprit du tsar que la France remplit bien mal ses devoirs d'alliée, et qu'une bonne entente entre les trois puissances continentales serait le meilleur moyen de mater l'Angleterre. Nicolas cède d'abord : un texte est adopté par les deux souverains le 30 octobre 1904, mais des scrupules naissent chez le tsar fidèle à l'alliance française; il désire communiquer le texte à la France avant de signer. Guillaume s'y oppose violemment, car il craint que l'Angleterre ne soit avisée.

Cette première manœuvre a échoué; mais, en juillet 1905, au moment où les désastres de la flotte russe impressionnent douloureusement Nicolas, où la Révolution gronde à Pétersbourg, Guillaume, en croisière dans la Baltique, provoque l'entrevue de Björke. Et, là, dans le calme de la mer, « sans autre témoin que Dieu », dont Guillaume a tant abusé, il fait signer au tsar un traité que l'on connaît depuis la guerre par une lettre de Lamsdorff. Il est soi-disant destiné à assurer la paix de l'Europe : la Russie et l'Allemagne doivent s'aider réciproquement en cas d'attaque; Guillaume s'engage, en outre, à obtenir l'adhésion de la France. Au mois d'août, le tsar avertit Guillaume qu'il ne ratifiera pas le traité, car il considère comme impossible d'obtenir l'adhésion de la France; Guillaume insiste; mais, malgré les efforts du comte Witte devenu l'artisan des désirs du kaiser, le tsar résiste et propose une clause supplémentaire stipulant que le traité ne jouera pas en cas de guerre franco-allemande. Le coup est manqué; Guillaume n'a pu s'introduire dans l'alliance franco-russe pour la dominer, et, par là, détruire l'entente cordiale.

A l'égard de la France, Guillaume, qui jusqu'en 1904 a feint des sentiments hypocritement adoucis, qui n'a cessé de prôner devant tous les Français de passage en Allemagne, les avantages d'un accord ou même d'une alliance franco-allemande, change subitement d'attitude au lendemain de l'Entente cordiale, et, par de brusques coups d'éclat à propos du Maroc, cherche à rompre cette Entente. L'Allemagne n'a aucun intérêt spécial au Maroc : ses nationaux n'ont alors que peu de participation dans les affaires marocaines; mais Guillaume trouve dans l'arrangement franco-espagnol du 3 octobre 1904 un prétexte pour se plaindre d'avoir été tenu en dehors du règlement marocain.

En février 1905, il fait dire à Paris, par son ambassadeur, qu'ignorant tous les accords conclus, il ne se considère lié d'aucune façon. C'est alors qu'il décide de s'arrêter à Tanger, au cours d'une croisière en Méditerranée, et quelques jours avant son départ, le 22 mars, il prononce un discours menaçant : « *Je laisserai en repos les baïonnettes et les canons autant que je le pourrai; mais les baïonnettes doivent être effilées et les canons en bon état.* »

Neuf jours plus tard, le 31 mars, il débarque à Tanger, malgré les sages avertissements que lui donne la reine Amélie, pendant un arrêt à Lisbonne. Reçu par un envoyé d'Abd ul Aziz, il déclare publiquement qu'il ne traitera qu'avec « le sultan du Maroc, souverain absolument libre et indépendant, pour sauvegarder efficacement les intérêts de l'Allemagne au Maroc, contre tout monopole et toute annexion ».

Ce coup brutal dirigé contre la France est bientôt suivi, le 12 avril, d'une demande de conférence internationale formulée par Bülow. Abd ul Aziz lui-même, à l'instigation de l'Allemagne, s'adresse le 30 mai aux puissances, mais M. Delcassé, ministre des affaires étrangères, oppose un refus formel aux prétentions du sultan. M. Maurice Rouvier, qui, en juin 1907, remplace M. Delcassé au ministère des affaires étrangères, maintient le point de vue du gouvernement français, et, s'il accepte enfin le principe d'une conférence, il obtient d'abord de l'Allemagne la reconnaissance expresse de la situation privilégiée de la France au Maroc. La conférence d'Algésiras ne fut pas un succès pour l'Allemagne. La France, au contraire, grâce à sa politique loyale, vit se rapprocher d'elle les autres pays. L'Entente cordiale qui, de l'aveu du comte Witte, était surtout visée par le coup de Tanger, sortait intacte de la crise.

Le régime incertain, créé par l'acte d'Algésiras, va provoquer bientôt de nouvelles interventions allemandes. La France a sans doute des intérêts prépondérants, mais le Maroc est internationalisé, et le sultan sans pouvoir réel. Si des troubles éclatent, fomentés par des agents de l'Allemagne, on reproche à la France de ne pas y mettre fin; si elle intervient, on lui reproche ses opérations de police.

Un des incidents les plus graves est celui des déserteurs de Casablanca. Le 25 septembre 1906, des légionnaires essayent de déserter; le chancelier du consulat allemand leur prête assistance, car trois d'entre eux sont d'origine allemande; mais des officiers français parviennent à les reprendre. Ces actes, commis par des subalternes, sont dramatisés par la chancellerie de Berlin, qui n'accepte qu'avec difficulté un arbitrage; mais, devant les faits, il est impossible de ne pas constater les torts de l'Allemagne.

Il semble alors qu'une ère de calme va s'ouvrir dans

les relations franco-allemandes au Maroc. En effet, au début de 1909, le 8 février, un accord est signé consacrant le désintéressement politique de l'Allemagne au Maroc et favorisant les associations de Français et d'Allemands dans les entreprises marocaines.

L'Allemagne avait spéculé sur les larges perspectives ouvertes par ce contrat; mais la collaboration est pour elle la domination. Elle se plaint de n'avoir pas sa part, puisqu'elle n'a pas tout. Elle manifeste son impatience. Une rupture paraît imminente.

Le 1ᵉʳ juillet 1911, le *Panther* vient mouiller devant Agadir. L'Allemagne reproche surtout à la France sa récente expédition de Fez, rendue nécessaire par les intrigues de Moulaï Hafid : « l'Allemagne ne peut tolérer que le Maroc devienne français. »

— Que l'Allemagne obtienne sa part du Maroc, dit le kronprinz à M. Cambon, et tout sera fini.

Le gouvernement français d'alors, dans un désir de paix, accorde, après de longues et difficiles négociations, des compensations à l'Allemagne, non au Maroc, mais au Congo. Le coup d'Agadir, cette nouvelle menace, par laquelle Guillaume a voulu éprouver la solidité de l'Entente cordiale, n'a pas mieux réussi que les précédentes : l'Angleterre, dès le premier jour, a fait savoir énergiquement que, dans toute la terre marocaine, elle serait aux côtés de la France.

La méthode du « poing sur la table » a échoué; mais Guillaume essaie encore, au début de 1912, de rompre par des négociations officieuses d'abord avec l'Angleterre, puis avec la France, l'entente des puissances. C'est en février d'abord, la mission Haldane à Berlin, — sollicitée en janvier par l'empereur lui-même — qui échoue devant les prétentions inconcevables de l'Allemagne de voir l'Angleterre garantir sa neutralité sans condition en cas de guerre. C'est, en mars, les tentatives faites à Paris et à Berlin en vue d'un rapprochement à la faveur d'une large autonomie concédée en Alsace-Lorraine.

Il est infiniment probable que Guillaume a cherché à déchaîner la guerre par le coup d'Agadir. Mais, devant l'attitude si énergique de l'Angleterre, le « valeureux poltron », suivant l'expression de Maximilien Harden, a reculé : sa flotte n'était pas prête. Il lui faut donc se contenter de l'accord du 5 novembre : cherchant toujours à donner le change sur ses désirs pacifiques, il se félicite devant un Français de voir la crise conjurée, en ajoutant : « Les Anglais ont fait pourtant tout ce qu'ils ont pu pour avoir une bonne guerre. »

Mais cet accord est loin de satisfaire les appétits pangermanistes du peuple allemand ; le chancelier n'a-t-il pas promis aux dirigeants de l'*Alldeutscher Verband* un partage de l'Afrique du Nord où l'Allemagne aurait eu une grosse part au Maroc! Aussi, dès que le texte est connu, il donne lieu dans la presse à des critiques acerbes; l'accord est partout qualifié de « gifle marocaine ». On voit reparaître tous les thèmes pangermanistes sur la proportion inégale des

colonies de l'Allemagne d'une part, de la France et
de l'Angleterre de l'autre. La presse refait le bilan
de l'opération d'Agadir, proclame à grand renfort
de statistique que l'Allemagne est le premier pays
du monde, et vitupère contre le gouvernement qui s'est
ainsi laissé traiter par un Etat de deuxième rang. « Le
gouvernement, écrit de Bernhardi, a trop sacrifié à
son désir du maintien de la paix. » Au Reichstag
même, des députés proclament, aux applaudissements
du kronprinz, que « ce n'est pas par des concessions
semblables que l'on assurera la paix, mais par la
bonne épée allemande ».

Ce soulèvement de l'opinion, qui s'accompagne de
procès à scandales, est le lent aboutissement du mouvement pangermaniste poursuivi inlassablement depuis près d'un siècle. Les aspirations passionnées de
l'école historique ne sont plus que vaine littérature.
Les théories de violence d'un Lasson, ou d'un
Treitchke, paraissent même modérées.

En 1912, c'est la guerre nécessaire réclamée par
tous, non pas la guerre de défense, mais la guerre
de conquête, guerre d'extermination. Le *Deutschland
über Alles* doit être réalisé; le peuple allemand a
tellement ressassé ce mérite, il est tellement convaincu
que la force crée le droit et que la lutte pour « con-
quérir sa place au soleil » est une loi fatale, qu'il
aspire à une guerre qu'on lui affirme facilement victorieuse, du fait de l'anarchie et de la décomposition
des autres nations. D'une même haine dédaigneuse,
il enveloppe la France, l'Angleterre et la Russie. Le

Japon est détesté, les Etats-Unis sont jalousés et les petits Etats n'auront qu'à se plier aux nécessités de l'hégémonie germanique universelle.

Telles sont les idées que l'on retrouve sous la signature de littérateurs ou d'historiens, d'officiers ou de diplomates, et même de princes impériaux, dans cette multitude de publications et de livres, qui paraissent en 1912 et en 1913.

C'est Daniel Crymann et son *Si j'étais l'empereur*, qui a trente éditions en quelques mois : « La France, dit-il, doit opter entre l'Angleterre et l'Allemagne; dans le premier cas, la guerre est nécessaire. L'empire mondial doit appartenir à l'Allemagne, il lui faut une politique active, je dis tranquillement agressive. »

C'est le général Bernhardi et son *Allemagne et la prochaine guerre*, ouvrage plus scientifique, sans violences outrancières, mais qui, froidement, prône la guerre, une guerre dure assurément, car il faudra vaincre la France, l'Angleterre et la Russie, guerre nécessaire toutefois, car il faut choisir « entre la puissance mondiale et la déchéance ».

C'est le colonel Frobenius et son *Heure décisive de l'empire allemand* qui, recommandé par les plus hautes personnalités, atteint en quelques semaines sa quatorzième édition; il y démontre la nécessité d'attaquer et par suite d'être prêt.

C'est le kronprinz lui-même et son *Allemagne en armes*, parue en mai 1913 : « L'heure présente, écrit-il, où l'on se vante de cosmopolitisme et de rêves enthousiastes, de paix éternelle, ne plaît pas à l'âme allemande : il lui faut la guerre. »

Ces théories rencontrent un accueil chaleureux dans le public et surtout parmi les membres des innombrables ligues qui se sont développées et multipliées. Le vieux *Alldeutscher Verband* a continué son œuvre de rapprochement des Allemands de l'univers, singulièrement aidé par cette loi monstrueuse du 22 juillet 1913 qui permet aux Allemands naturalisés dans un autre pays de conserver néanmoins la nationalité allemande ; à l'heure de la mobilisation, ces étrangers doivent rejoindre leur poste de combat allemand. Le « Flottenverein », en rapports étroits avec le bureau de presse de l'Amirauté, démontre plus que jamais la nécessité de briser la puissance militaire de l'Angleterre. A côté de ces vieilles ligues se sont créées des sociétés d'anciens militaires à façade de bienfaisance, telles que le « Deutscher Kriegerband » avec, en 1912, 2.700.000 adhérents, qui reçoivent tous leur mot d'ordre de l'*Alldeutscher Verband*. Et enfin, le 25 décembre 1911, se fonde à Berlin, sous la présidence du général Keim, le « Wehrverein » ou ligue de défense, destiné, aux termes de ses statuts, à « rendre la force armée de l'Allemagne intimement et numériquement assez forte pour être indiscutablement en état d'assurer la protection de l'empire et sa puissance dans le monde ». Dès le début de 1913, il compte plus de 300.000 adhérents.

Cette fièvre de propagande guerrière sous les aspects les plus variés porte ses fruits : une sorte de folie

collective, de délire de la persécution s'empare
du peuple allemand. De tous côtés, on réclame
« l'homme d'Etat » qui, sans se soucier des clameurs
des partis et de la presse, saura satisfaire le désir du
peuple de jouer un rôle dans le monde.

Il nous faut un « homme énergique », écrit Einhart,
dans son *Histoire allemande* : « Il nous manque un
médecin. »

Un tel mouvement, voulu et préparé par le gouvernement et l'empereur, va maintenant les déborder.
Le clan pangermaniste et belliqueux va pousser encore
à l'augmentation des armements et à la préparation
directe de la guerre.

Le quinquennat militaire a été renouvelé en 1911.
Mais, dès le 22 avril 1912, un nouveau projet destiné
« à donner plus de rapidité à la préparation de la
guerre » est déposé; il augmente surtout le nombre
des officiers et sous-officiers. Quand la loi aura son
plein effet, les effectifs seront de 700.000 hommes;
l'artillerie de campagne disposera de 633 batteries de
6 pièces. Le projet est voté le 10 mai et son exécution
est presque terminée dès le mois d'octobre.

La marine se développe parallèlement : Tirpitz,
qui depuis 1898 a vu passer chanceliers et ministres,
a poussé activement les constructions navales, pour
lesquelles il a obtenu des crédits sans cesse accrus,
285 millions de marks en 1905, 310 millions en 1906,
350 millions en 1907 et 428 millions en 1908. En
1912, quatre jours après le vote de la loi militaire,
le Reichstag adopte un projet naval portant l'effectif

des marins de 63.500 à 80.000; une troisième escadre est créée avec des bâtiments de réserve, et, en outre, trois cuirassés et deux croiseurs vont être mis sur chantier. Le programme prévoit, pour 1920, 61 grands cuirassés.

Ces augmentations prodigieuses vont encore être jugées insuffisantes au moment des guerres balkaniques. A l'automne 1912, un nouveau plan d'armements terrestres est mis à l'étude dans le plus grand secret. Le projet est présenté au chancelier en décembre, avec un rapport concluant à la nécessité d'un renforcement par suite de l'attitude de la Triple Entente qui, bien que défensive contre la Triple Alliance, a cependant « de fortes tendances offensives, car elle a des buts politiques dont la poursuite paraît aux Etats alliés mériter tous leurs efforts ». Malgré ces considérants, qui sont un camouflage éhonté de la vérité, le chancelier et l'entourage de l'empereur hésitent : le projet n'est approuvé que le 1ᵉʳ janvier et déposé au Reichstag en mars 1913.

L'accroissement prévu est formidable; les effectifs passent de 700.000 à 866.000 hommes; le matériel de tout ordre est augmenté. Et pour faire face à l'exécution du programme, qui doit être achevé en grande partie en octobre 1913, des mesures financières exceptionnelles sont prévues; pour les dépenses non renouvelables, qui s'élèvent à 1 milliard de marks, une contribution de guerre unique sera établie. Le projet est rapidement adopté le 30 juin, et la presse ne cache pas la joie du gouvernement;

« Cette sécurité, lit-on dans la *Gazette de Cologne*, nous rend la voie libre vers une politique mondiale. » Le but poursuivi est clairement avoué : « L'armée pourra passer ainsi plus facilement de l'état de paix à l'état de guerre. » Le kronprinz, le kaiser affichent dans leurs discours et leurs ordres du jour un ton belliqueux qui fait écho aux sentiments intimes du peuple allemand.

Combien différente est, au cours de ces années 1912 et 1913, l'attitude des peuples et des gouvernements de cette Triple Entente qui, à en croire les meneurs pangermanistes, est prête à prendre l'offensive et à fondre sur l'Allemagne! La France, l'Angleterre et la Russie n'ont alors en vue que le maintien de la paix.

Sans doute, devant les armements gigantesques de l'Allemagne, la France et l'Angleterre ont senti la nécessité de rendre plus intimes les relations de leurs états-majors, mais elles ne prévoient, dans les lettres échangées les 22 et 23 novembre 1912, que le seul cas d'agression. Sans doute, la France et la Russie complètent, le 18 juillet 1912, par une convention navale, l'accord défensif de 1892. Sans doute, en 1913, la France revient au service militaire de trois ans. Mais n'était-ce pas là d'élémentaires mesures de précaution, dictées par le seul souci de la sécurité nationale, et bien compréhensibles au milieu des rumeurs belliqueuses qui, de l'Europe centrale et des Balkans, montent de toutes parts!

Aux côtés de l'Allemagne en armes, l'Autriche-Hongrie fait en 1912 des préparatifs militaires immenses. Secrètement instruite, sans aucun doute par la Bulgarie, des intentions des pays balkaniques à l'égard de la Turquie, elle espère satisfaire au moment opportun ses aspirations vers la mer Egée.

La Bulgarie, la Serbie, la Grèce, le Monténégro ont en effet conclu, au printemps de 1912, une série d'accords que la France et l'Angleterre ont alors presque complètement ignorés, et que la Russie, bien que chargée du rôle d'arbitre dans certains cas, n'a connus qu'imparfaitement. Et cependant l'Allemagne n'a pas hésité à prétendre, même en 1919, dans son Mémoire sur les responsabilités de la guerre, que les affaires balkaniques n'avaient été en réalité qu'un vaste complot tramé à la fois contre l'Autriche-Hongrie et la Turquie, par la Russie, avec la complicité de l'Angleterre, de la France et des Etats balkaniques.

Pour réfuter de telles allégations, il suffit d'ouvrir les publications officielles des divers gouvernements alliés, et en particulier les trois Livres jaunes français consacrés aux affaires balkaniques. On y trouve la preuve éclatante des efforts constants déployés par la diplomatie de l'Entente, et notamment par la France et M. Raymond Poincaré, pour prévenir le conflit, puis le limiter et l'apaiser. Mais du côté de la Triple Alliance, les sentiments sont tout différents.

L'Autriche, qui paraît déçue des rapides victoires

des alliés balkaniques et notamment des Serbes, ne peut se résoudre à un partage de la Turquie effectué en dehors d'elle; aussi elle accélère ses préparatifs militaires et concentre des troupes à la frontière de Serbie. Elle cherche en même temps à mettre dans son jeu l'Italie qui vient d'obtenir de la Turquie l'abandon de la Tripolitaine. La Triple Alliance est renouvelée par anticipation le 5 décembre, et l'Italie reçoit des promesses qui lui assureront une situation prépondérante en Méditerranée, orientale.

Mais les visées autrichiennes sur les Balkans, la défaite de l'armée ottomane pourtant formée à l'école germanique, ne sont pas sans avoir inquiété le gouvernement allemand, qui doute, au début de 1913, de l'issue rapide d'une guerre contre la Triple Entente. Les mesures prévues par les lois militaires en préparation ne doivent avoir leur plein effet qu'en octobre; l'élargissement du canal de Kiel en vue du passage des plus fortes unités n'est pas achevé; un important matériel de sous-marins et d'aviation est en construction. Aussi c'est Berlin qui donne à Vienne le conseil d'attendre; c'est sur l'initiative du gouvernement allemand que François-Joseph adresse au tsar, dans l'intérêt supérieur de la paix, une demande, bientôt agréée, de démobilisation immédiate.

A Londres, depuis le 13 décembre, les ambassadeurs des puissances s'efforcent, sous la haute direction de sir Edward Grey, de réaliser un accord. Le 30 mai 1913, des préliminaires de paix sont signés; la Triple Alliance obtient la création, sur les côtes de l'Adriatique, d'un Etat albanais autonome, sous le gouvernement d'un prince allemand.

La paix, rétablie par le traité de Londres, est de courte durée. Le 30 juin, les hostilités reprennent, la Bulgarie cherche querelle à ses alliés d'hier, la Serbie et la Grèce, à l'occasion de la Macédoine.

La responsabilité de l'Autriche est ici indéniable; Ferdinand a reçu de Vienne, avant d'entrer en campagne, la promesse d'un appui. Mais la Roumanie elle-même se déclare contre la Bulgarie; la Turquie, soutenue par l'Allemagne, profite de la mêlée générale pour reprendre Andrinople; Ferdinand, se voyant encerclé, accepte la paix de Bucarest le 10 août 1913.

Pendant cette deuxième crise, les puissances de l'Entente ont poursuivi leur actif travail de médiation, mais elles n'ont pas toujours rencontré auprès de l'Allemagne et de l'Autriche tout le concours désirable. D'ailleurs, l'Autriche ne peut se résoudre à voir la Serbie s'agrandir; elle essaye encore, à la veille du traité de Bucarest, d'entraîner l'Italie dans la guerre balkanique par application du *casus fœderis*, mais l'Italie repousse une telle invitation.

La paix signée, l'Autriche ne voit aucune de ses ambitions satisfaites : il n'est pas douteux qu'à la première occasion elle donnera libre cours à ses rancunes et à ses appétits, soutenue alors par l'Allemagne avec toutes ses forces.

Dès le mois de novembre 1913, la volonté de l'empereur Guillaume paraît nettement arrêtée.

Dans une conversation avec le roi Albert de Belgique, le 6 novembre, il déclare que « *la guerre avec la France est inévitable et qu'il faudra en venir là un jour ou l'autre* ».

— *Cette fois*, ajoute de Moltke, *il faut en finir.*

Dans l'empire, l'agitation chauvine est à son comble; les clans militaristes sont excédés de l'apparence jusqu'alors pacifique de la politique de Guillaume et de Bethmann-Hollweg; certains regrettent le vieil esprit prussien. Et une nouvelle ligue de « Preussenverband » se crée même à Berlin au mois de janvier.

Les pangermanistes multiplient partout leurs manifestations et leurs conférences; des livres, comme *les Germains*, de Wilser; *l'Histoire allemande*, de Wolff; des manuels pour la jeunesse, tels que le *Pense que tu es Allemand !* de Westerich, sont répandus à profusion. Parallèlement, les préparatifs militaires se poursuivent fébrilement : des voies stratégiques se créent chaque jour sur la frontière de l'ouest, des champs de manœuvres s'agrandissent, l'aéronautique se développe.

A l'extérieur, l'Allemagne prépare ses bases et ses points d'appui.

Les rapports entre l'Allemagne et l'Autriche-Hongrie sont constants; l'action commune est prévue et coordonnée; l'empereur Guillaume rencontre l'archiduc François-Ferdinand à Miramar en avril, puis il se rend avec l'amiral Tirpitz en juin à Konopischt.

Malgré cette Europe centrale en pleine effervescence, la Triple Entente poursuit la réalisation de ses desseins pacifiques. En vue de prévenir des conflits possibles par suite de l'enchevêtrement des intérêts français et allemands dans l'Asie ottomane, des négociations ont lieu à Berlin et aboutissent le 15 février à un accord; à Londres, l'Angleterre essaye de régler de même quelques points litigieux en Afrique et en Asie, et un arrangement anglo-allemand est paraphé le 15 juin; enfin la Russie ne cesse de se montrer justement préoccupée de la paix balkanique.

Mais les ambitions belliqueuses de Guillaume et de son peuple vont rendre vain tout l'énorme travail diplomatique effectué par la Triple Entente, au cours de ces trois années, en vue de maintenir la paix de l'Europe. La guerre est décidée!... L'occasion en sera bientôt trouvée. L'attentat de Sarajevo sera l'étincelle qui allumera l'incendie universel.

CHAPITRE IV.

LE VOYAGE EN RUSSIE

Les élections françaises du mois de mai 1914 avaient porté à la Chambre une majorité compacte de républicains avancés dont, pour le moment, la première revendication était la revision, pour l'alléger, de la loi militaire de trois ans. Celle-ci venait d'être votée au milieu d'une agitation politique dont les élections avaient encore accru l'intensité, et pour répondre aux armements formidables de l'Allemagne. Le premier problème que devait rencontrer le gouvernement en face de la majorité était donc la loi militaire. Le pouvoir me fut dévolu par l'appel que, le 3 juin 1914 (M. Doumergue, malgré mes appels réitérés, ayant refusé de se maintenir au ministère), M. Poincaré me fit l'honneur de m'adresser.

Je ne veux pas rappeler l'histoire de cette crise bien bénigne, si on la proportionne aux formidables commotions qui l'ont suivie, pour le plaisir médiocre de transcrire des souvenirs personnels. Mais cette crise se rattache au drame.

Pénétré de la nécessité de maintenir la loi de trois ans, désireux aussi de montrer qu'elle ne constituait pas un document qui fût à jamais intangible, je pris en main la formation du cabinet, avec le projet de laisser intacte la loi si récemment votée. Je voulus seulement marquer qu'une préparation militaire de la jeunesse organisée s'imposait et que, si les circonstances extérieures le permettaient, on pourrait un jour revenir sur les mesures prises, puisque les lois militaires dépendent de l'état de l'Europe. Mais cette transaction eut le sort que réservent généralement les partis aux équitables arrangements : le parti modéré la redouta et quelques hommes de la gauche extrême la trouvèrent insuffisante. Après une intervention qui mettait en péril l'indépendance du chef du pouvoir, et par conséquent son autorité, je renonçai à une tâche que je n'avais d'ailleurs pas cherchée.

M. Ribot, qui me remplaça, tomba le jour même de son avènement, sous les votes d'une Chambre dont on put, ce jour-là, mesurer l'ardeur.

Le 13 juin, à 11 heures du matin, M. Poincaré me fit à nouveau appeler. A 5 heures du soir, mon cabinet était formé. Le mardi 16 juin, je faisais triompher à la Chambre, qui me donna une forte majorité, la transaction que j'avais proposée. La crise avait donc duré quinze jours.

Cette crise — et c'est pour cela que je la rappelle

— avait été suivie avec un intérêt marqué par des diplomates étrangers et surtout par ceux des empires centraux. On se rend compte, maintenant, avec le recul du temps et après avoir moissonné dans les sillons sanglants de la guerre, d'amples renseignements alors inconnus, de la nature de cet intérêt.

Au lendemain du 16 juin, quand j'eus déclaré pour le moment intangible la loi de trois ans, ce fut sur ma personne un déluge d'injures allemandes.

« *M. Viviani tient son portefeuille de l'empereur de Russie* », écrivait un grand journal officieux de Berlin.

Le colonel Serret, attaché militaire à Berlin, mort depuis glorieusement, me racontait pendant la guerre que, appelé à rendre visite, au début de juin 1914, à l'empereur Guillaume, celui-ci l'aborda ainsi :

— Eh bien, colonel, la crise continue. Serait-ce une révolution?

— Sire, répondit le soldat, nous en avons vu d'autres.

L'empereur perspicace ne se doutait pas que la révolution prévue lui serait si peu propice.

Ainsi se mit aux affaires le cabinet nouveau. Attentif à la défense nationale et désireux de la rendre tout de suite plus forte, il apporta au Sénat, le 14 juillet 1914, le vote des crédits pour l'artillerie lourde. Ces crédits, votés en février 1914 par la Chambre, votés à nouveau par elle sur une correction du Sénat en Avril, donnèrent lieu, devant la haute Assemblée, à un débat important et âpre. Nous

eûmes plus tard la preuve que nous ne sentions pas
à ce moment très exactement la situation. Nous
devions apprendre l'avidité avec laquelle, guettant
les moindres manifestations de la pensée française,
l'Allemagne, qui allait frapper, se servait de tout
pour agir sur les esprits. En termes très vifs fut
soulevée la question de notre artillerie lourde, dont
la médiocrité était alléguée par les orateurs, tous
prêts, d'ailleurs, à voter les crédits. Quelques jours
plus tard, tous les journaux de langue allemande
publiaient *in extenso*, sans le contrepoids de redressement, de violentes observations. La croyance en
notre faiblesse prétendue en fut accrue.

C'est, on le sait, le 28 juin 1914 que se produisit
l'attentat de Sarajevo.

Ce jour-là, avertis du crime dans les tribunes du
Grand Prix, nous ne doutions pas que la mise en scène
d'un drame effroyable commençait. Que le sang de
millions d'hommes innocents ait coulé pendant quatre
années; que la civilisation ait subi une épouvantable
éclipse; que le destin des peuples ait été suspendu;
que l'humanité si fière d'elle-même la veille, ait rétro-
gradé au delà des anciens âges en déshonorant la
sauvagerie par la science, et que tout ceci soit né de
cela : voilà ce qui sera devant le monde la honte du
monde !

On connaît l'aventure : l'archiduc Ferdinand et
son épouse sont victimes, en territoire austro-hongrois,
sous la protection de la police austro-hongroise, dans
une cérémonie dont un général autrichien avait la

responsabilité, d'un premier attentat qui échoue. Le gouvernement local les invite à continuer leur route. Ils vont au-devant de la mort; ils sont tués. Les assassins ne sont pas Serbes.

C'était un crime monstrueux. Tout le monde s'émut. Au Sénat, à la Chambre, je protestai contre le meurtre en honorant les victimes. L'empereur d'Autriche me fit remettre des remerciements écrits et nous attendîmes.

Qu'allait-il survenir? L'Autriche-Hongrie ne pouvait certes pas accepter cet attentat; elle pouvait chercher, et si, au cours de l'instruction qui précède le châtiment, elle apercevait des responsabilités politiques à la charge du gouvernement serbe, elle pouvait les faire apparaître devant le monde. L'Autriche a bien fait ce qu'elle a pu. Mais, en dépit des manœuvres des policiers, elle ne put arriver, le 13 juillet, qu'à la déclaration d'un de ses agents constatant la complète innocence du gouvernement serbe.

Tout semblait correctement clos. Au chapitre suivant, quand nous viserons les responsabilités du vieil empereur et celles du comte Berchtold, et aussi celles de l'empereur Guillaume, du chancelier Bethmann-Hollweg, du ministre des affaires étrangères allemand, M. de Jagow, nous montrerons les sanglantes intrigues ourdies. Notons toutefois, dès maintenant, que le crime, le crime contre cet archiduc détesté à cause de son désir de briser la dualité, à cause de son mariage, à cause de son incapacité plus incurable encore que le mal qui le minait, à cause de son intimité avec l'empereur d'Allemagne, dont il était le familier, en attendant d'en être l'instrument, ce crime déplorable fut accueilli avec un empressement dont les événements qui vont suivre apporteront la preuve.

Le 15 juillet, M. Poincaré et moi, nous partîmes pour la Russie.

Sous diverses formes et à divers points de vue, on a critiqué ce voyage. On a dit que l'événement de Sarajevo aurait dû nous le faire ajourner. Préparé depuis plus de cinq mois, devant s'accomplir non pas seulement en Russie, mais en Suède, au Danemark, en Norvège, nous ne pouvions suspendre notre départ sans donner lieu aux pires interprétations. C'était accroître par nous-mêmes l'état de tension à peine visible, et donner à l'attentat son caractère politique.

Quant à penser, comme le répète l'empereur Guillaume dans ses Mémoires, que ce voyage a été effectué pour nous concerter sur la guerre, il est à peine besoin de répondre à cette niaiserie. Ce voyage a été préparé par mon prédécesseur à la présidence du conseil, M. Doumergue, dès son arrivée au pouvoir, au début de l'année 1914. Je trouvais ce voyage de toutes pièces organisé en juin. Nous ne devions pas seulement l'accomplir auprès de notre alliée, mais, je viens de le dire, auprès de la cour de Suède, de celle du Danemark, de celle de Norvège.

Et puis, sur quoi aurait porté le prétendu complot? Sur quel objet précis, puisque l'ultimatum est du 23 juillet? Et qu'est-il besoin de se concerter avec une alliée au prix d'un si long déplacement, alors que

les deux tiers de ce déplacement dans leur durée
étaient attribués d'avance à d'autres pays?

Notre voyage fut, par contre, précédé de celui de
l'empereur qui s'enfonça, le 10 juillet 1914, dans
une croisière dont on va voir tout à l'heure l'innocence. Il n'avait pas besoin de se concerter, lui, à
cette date du 10 juillet, avec son complice l'empereur
d'Autriche, car, ainsi qu'il fut établi par les documents allemands du ministre allemand des affaires
étrangères (documents allemands de 1919), il y avait
quelques jours que l'ultimatum était connu déjà, dans
sa substance au moins, de l'Allemagne officielle.

Le 10 juillet, les honnêtes gens qui entouraient
l'empereur, et l'empereur lui-même, avaient pu apercevoir à l'horizon la guerre générale, non pas seulement possible, mais certaine. Et s'il est vrai, comme
on le raconte, que l'empereur ait été contraint de
partir, son départ souligne le plan d'action établi
d'accord avec ses ministres, en même temps qu'il
montre la hâte avec laquelle les ministres, pour que
le plan ne fût pas dérangé, par quelque incartade
hautaine, le pressèrent de partir. Il n'est pas défendu
de penser, si vraiment ce départ lui a été imposé, que
ses ministres aient redouté sa personnalité débordante,
ses caprices autoritaires, son goût pour la parade qu'il
a confondue toute sa vie avec l'action, ses indiscré-
tions retentissantes.

Pendant ce temps, notre voyage était épié par
M. de Jagow presque à chaque heure. Nous verrons
cela tout à l'heure. Mais il faut, même pour le

moment, abandonner ces tristes comparses pour regarder plus loin et plus haut.

Nous quittâmes au matin du 16 juillet notre pays.
Balancés doucement entre l'azur des cieux et l'azur
des flots, dans cet isolement qui, pour l'homme public,
est le salaire de l'action, le président de la République et moi nous devisions. Nous allions, le front haut
et le cœur tranquille, vers la paix, vers le resserre-
ment de notre alliance, vers l'établissement avec d'autres nations de relations amicales, vers cette fusion
des sympathies générales où le privilège d'affection
que détermine une alliance n'interdit pas les rappro-
chements de pensées et d'intérêts.

Ce privilège ne détruit pas non plus l'indépendance
qui, sans cela, ferait tomber l'alliance à la servitude.
M. Poincaré m'avait, en ma qualité de chef responsable du gouvernement, communiqué le discours qu'il
devait prononcer au banquet impérial, et j'avais
demandé et obtenu la communication de celui du
tsar. Ces deux discours se rejoignent dans une ligne
ferme et pure en l'honneur de la paix...

Qu'allions-nous dire au tsar, au gouvernement
russe?... Certes, nous allions converser de l'état de
l'Europe, des intérêts de notre alliance. Nous allions
aussi et M. Poincaré et moi nous n'y avons pas manqué, demander un rapprochement de sympathie plus
grand entre la Russie et la Suède, qui se plaignait
des actes isolés d'un attaché naval russe. Nous allions,
enfin, porter les doléances de l'Angleterre contre les
actes de certains consuls russes. La force d'une

alliance exige que des ménagements compatibles avec elle soient accordés aux autres...

Nous nous entretenions de ces pensées et d'autres encore, étrangères à nos fonctions, puisant souvent dans nos souvenirs professionnels et dans nos souvenirs politiques la matière de notre amicale conversation.

Quand nous arrivâmes, le lundi 20 juillet, à 2 heures de l'après-midi, dans la rade de Cronstadt, un ciel de feu versait sa clarté meurtrière sur la fête grandiose, et je regrettais presque, au sommet de l'Europe, les journées cependant éclatantes de mon Afrique bien-aimée. Le tsar Nicolas, alerte comme un officier de cavalerie, nous vint saluer. Nous repartîmes avec la suite des dignitaires et des ministres. La modestie touchante, excessive comme sa timidité, du tsar, son mépris pour le cadre éclatant des palais, son goût pour une vie tranquille, tout cela perçait dans son attitude et dans son pur langage français. Il tenait à l'alliance par probité politique certes, mais aussi par une sorte de mysticisme religieux, la considérant comme le legs de son père bien-aimé. Jamais le rassemblement de ces deux souvenirs ne l'a trouvé insensible. Je m'en aperçus plus tard, en 1916, à son quartier général, quand son geste souverain, que je sollicitais au cours d'une mission, me fit obtenir la satisfaction que réclamait la France.

Que dire de nos conversations? Le chef d'Etat parla près d'une heure seul à seul, comme il convenait, avec le tsar. Je m'entretins aussi avec lui, et bien entendu avec le président du conseil et surtout avec M. Sazonoff. Nous nous entendîmes, comme l'avaient fait avant moi, en 1912, et à toutes époques, d'autres ministres, pour le maintien de l'alliance dans la dignité et dans la paix. Et nous transmîmes, comme je l'ai dit plus haut, les doléances de l'Angleterre et de la Suède. Tous les arrangements que nous sollicitâmes furent obtenus.

Parlerai-je des fêtes, des revues, des fanfares, de la réception de l'impératrice, si magnifiquement belle, et de son bleu regard pénétrant comme un saphir! Que tout cela est loin! La terre, linceul toujours glacé, porte en elle les horreurs des hécatombes auxquelles ni la grâce, ni l'âge, ni le sexe n'ont pu échapper. L'empereur Guillaume, en août 1914, réclamait la solidarité contre les régicides! Son gouvernement a soldé le voyage de Lénine en Russie!...

Ici, nous approchons du drame. Nous allons en serrer la trame et ce sera chose aisée que d'en débrouiller les fils.

Le 23 juillet 1914, nous quittions les rives russes et nous nous mettions en route vers la Suède, comme le protocole en avait depuis longtemps et publiquement décidé. Bien entendu, les moindres péripéties du voyage, même les dîners, surtout le départ, étaient connues de toutes les chancelleries. La presse, dans tous les pays, en débordait. Nous partîmes vers les dix heures du soir.

Pendant ce temps, les meurtriers du droit, silencieux jusqu'à cette heure, s'approchaient de la pre-

mière victime : l'ultimatum à la Serbie était remis,
le 23 juillet, le jour même de notre départ, aux mains
du gouvernement serbe, par le ministre autrichien à
Belgrade, le pire agent provocateur que jamais gouvernement provocateur ait entretenu dans un Etat
étranger sous le mensonge du costume officiel.

Avec le calcul des heures, on savait que, remis à
5 heures du soir à Belgrade, l'ultimatum ne serait
connu à Saint-Pétersbourg qu'après notre départ.

Notre voyage était épié par M. de Jagow. Qu'on
en juge l Ce ministre des affaires étrangères qui (nous
le verrons au prochain chapitre), fin juillet, niait connaître l'ultimatum, ayant appris que, le 23 juillet,
nous retardions de deux heures notre départ, télégraphiait à Vienne à son ambassadeur pour lui faire part
de cet incident et le prier de faire déposer l'ultimatum deux heures plus tard...

On voit comme tout était combiné pour attendre,
avant de porter le coup, que nous nous fussions
séparés. On voit comme on essaya de déconcerter
l'alliance en face du bloc savamment coagulé des
empires centraux.

Cependant l'attitude courtoise, certes, mais plus
que réservée de l'ambassadeur d'Autriche à la cour
de Russie, les pressentiments qui avertissent, tout cela
me porta, vers une heure du matin (dans la nuit du
23 au 24), à télégraphier à Paris. Pour parer à tout
danger, même lointain, je faisais savoir au gouvernement de la République à Paris que si une sommation
de l'Autriche se devait produire, adressée à la Serbie,

on priât par avance M. Dumaine, notre ambassadeur à Vienne, de tâcher de la rendre plus acceptable.

Le lendemain, 24 juillet, tandis que nous voguions vers la Suède, par un temps lourd et sur une mer agitée, quelques lambeaux de dépêches mal joints entre eux nous étaient apportés par l'onde aérienne invisible. A partir de cette heure, le sifflement aigu de la T. S. F., troublant l'harmonie de la solitude, nous apprenait peu à peu par morceaux séparés l'ultimatum, ses termes, ses conditions comminatoires, les accusations imméritées que, par un rapport officiel d'un de ses agents, l'Autriche avait portées contre la Serbie. Je fis effort pour ressaisir le service et, de la profondeur de la mer, dans l'internement de la cabine, je télégraphiai à Londres (Livre jaune n° 22), pour réclamer une démarche collective en vue d'élargir le trop court délai accordé à la Serbie, de conseiller à la Serbie une grande prudence et de tâcher de convoquer une enquête internationale.

Nous arrivâmes, le 25 juillet, à 5 heures du matin, à Stockholm, et M. Thiébault, notre ministre, nous remit enfin le texte exact de l'ultimatum. Alors aussi nous fut confirmée la dure condition, plus insolente que les autres et qui contenait en elle toute la guerre, ne donnant à la Serbie que quarante-huit heures pour répondre, lui refusant jusqu'à la discussion de sa décision et enlevant à l'Europe l'efficacité d'un conseil.

Tout était sombre, et il fallut répondre à l'aménité exquise du roi toute la journée, contempler le spectacle extérieur sans parvenir à nous soustraire au tourment intime de la pensée. Le soir, à 7 heures, notre ministre à Christiania, en vertu d'ordres téléphoniques que je lui avaits donnés, me prévint que l'empereur d'Allemagne avait quitté Bergen pour une destination inconnue. La comédie prenait fin. Le drame allait se précipiter avec le retour de l'innocent voyageur...

Nous partîmes à 11 heures du soir. Jamais l'outrage de la nature aux sentiments anxieux de tous ne me parut plus violent et plus injuste. Le ciel avait rassemblé ses splendeurs sur nos têtes et le blanc sillage du navire majestueux s'imprégnait de lumière. En nous, cependant, les ténèbres commençaient à s'appesantir. Sans cesse, nous tâchions d'avoir des nouvelles... Un sifflement aigu déchirait l'air! Ce n'était rien qu'un papier brouillé... Un autre! C'était une phrase que rien ne reliait à d'autres!... Cependant nous attendions la réponse serbe. Sûrs des conseils de modération et de prudence donnés par la France et par la Russie, sûrs de la conscience de ce noble peuple, nous escomptions une réponse apaisée et qui permît l'arrangement honorable.

La journée du 26 juillet fut une journée d'attente. Les heures, qui sonnaient, marquaient sans doute quelque événement grave. Mais nous ne le connaissions pas. Nous ne pouvions pas le connaître. Le gouvernement allemand — on l'a su depuis par des documents trouvés à Metz — avait donné l'ordre qu'on troublât nos communications radiotélégraphiques.

Voici les notes qu'on a relevées sur le cahier de service du poste de T. S. F. de Metz :

27 JUILLET : 2 HEURES. — *Le gouverneur ordonne de troubler les communications radiotélégraphiques françaises dans une forme qui ne soit pas une violation de la paix.* (Gouv. befiehlt Störung, französischen Funkenverkehrs in einer den Frieden nicht verletzenden Form).

3 HEURES. — *L'ingénieur des communications par T. S. F. donne l'ordre de troubler les communications radiotélégraphiques franco-russes.*

. . . .

28 JUILLET : 4 HEURES. — La Tour Eiffel a compris notre intention de troubler ses communications et elle essaie visiblement de nous tromper en transmettant avec une grande énergie à Dunkerque des nouvelles pour le bateau *France*, qui ne répond pas. *Eu égard à l'importance éventuelle pour la Russie du contenu des dépêches, cette transmission est également bloquée* (unterbunden).

Et voilà pourquoi nous ignorions presque tout... Dans cette solitude de la mer, loin de tous, on ne peut savoir ce qu'est la vie. La responsabilité, si accablante soit-elle, est acceptée fièrement quand la volonté pour la porter s'appuie à la réalité. Ici rien. Comme la pensée s'affirme quand elle illumine le monde intérieur que l'homme porte en lui! Quelle misère, au contraire, quand, devant réagir sur le monde extérieur, elle est dépourvue de toute action! Enfin, nous fûmes avisés; réponse satisfaisante, admirable de modération, de la Serbie. Et malgré cela, départ, deux heures après l'avoir reçue, du ministre autrichien... Que voulait-on?

A mesure que nous nous rapprochions de la France, nous pénétrions peu à peu le sombre imbroglio qui, constitué savamment et violemment, échafaudait la situation. L'Allemagne, acclamant le retour de son empereur avec allégresse, refusait d'agir sur l'Autriche et aussi nous demandait impérieusement d'agir sur la Russie. Elle nous offrait même de paraître notre amie solidaire pour cette œuvre, afin de dénoncer ainsi, avec notre concert, la Russie comme coupable. Le refus de tout délai; aucune ingérence de l'Europe; l'Angleterre écartée; le conflit localisé, c'est-à-dire l'étranglement loin des yeux; la Serbie envahie; Belgrade bombardée; la guerre ouverte : c'était le tableau!

Depuis la veille, nous avions pris le parti de revenir directement en France. Jusque là la route vers notre pays était la même qui nous conduisait en Danemark, et, par conséquent, nous n'avions pas perdu un seul instant. A nouveau, je télégraphiai (Livre jaune n° 76) à M. Bienvenu-Martin qui me remplaçait avec tant d'autorité, pour approuver sa ferme et prudente conduite et pour le couvrir.

Dans la matinée du 29, nous aperçûmes aux premières clartés du jour les côtes de France,

Enfin! un toit étincelant, une maison, des chantiers, des mâts, l'horizon qui se précise, Dunkerque, la vedette qui nous jette au port, des hommes politiques émus et fermes qui nous renseignent, des collègues qui nous apportent des nouvelles, des ouvriers qui s'interrompent de leur labeur et nous saluent... Puis c'est Paris.La mer humaine qui nous déborde. Tous les citoyens déjà unis dans le péril de la France, l'idéalisme séculaire de la Patrie et sa fierté éclairant leur front grave...

Salut, terre d'indépendance et de courage! L'accueil que tu nous a réservé et son souvenir ont contribué depuis à élever nos âmes au-dessus du destin!...

CHAPITRE V

DÈS LE 5 JUILLET, L'EMPEREUR ACCEPTE L'IDÉE DE LA GUERRE

Aujourd'hui, avec le recul des années, sous l'abondance des documents qui nous submergent, dans l'analyse méticuleuse des détails, il semble que, pour que tant de choses se soient passées, il ait fallu au moins des semaines. Comment admettre que tant d'événements, qui ont changé la face du monde, aient pu, en effet, se condenser en quelques jours? Mais au moment précis et même au moment avant-coureur de la catastrophe, et si longues que furent certaines minutes, ce fut la foudre. Que ceux qu'elle a frappés, comme nous, sans les étourdir ni les aveugler, rendent témoignage de l'horreur de la situation! Des lueurs sont demeurées, d'ailleurs, qui vont nous permettre de lire au livre de mensonges et de falsifications que, dans des conditions qu'il faut rappeler, l'Allemagne et aussi l'Autriche ont essayé d'édifier.

L'Allemagne nie sa responsabilité. Celle-ci est cependant à la fois externe, c'est-à-dire contenue dans les actes immédiats qui ont entraîné la guerre, et interne, c'est-à-dire contenue dans les événements où le destin a une faible part, et où nous savons quelle élaboration a préparé l'incendie.

N'êtes-vous pas frappé, d'ailleurs, de la dégradation successive qui altère avec les années, avec les mois même, les affirmations de l'Allemagne? Dès le début des négociations sinistres de juillet 1914, la diplomatie allemande fut hautaine, intransigeante, hostile : ce fut la diplomatie de Bismarck. C'est le moment où M. de Jagow nie avoir eu connaissance de la substance de l'ultimatum à la Serbie, alors qu'il a connu ce document et qu'il l'a préconisé. C'est le moment où, le 29 juillet, au soir, M. de Bethmann-Hollweg propose à l'ambassadeur britannique une enchère pour acheter la neutralité anglaise. C'est le moment où le chancelier annonce au même ambassadeur la violation résolue de la neutralité belge et c'est ce même chancelier qui s'effondre sous le soufflet que contient la réponse anglaise et qui retentira toujours dans l'histoire. C'est le moment du « chiffon de papier ». C'est le moment où M. de Jagow abaisse son pays en accréditant dans le monde, lui ministre renseigné, la légende des avions de Nuremberg et base une déclaration de guerre sur un faux. C'est le moment où le chancelier dit au

Reichstag, le 4 août, parlant de la violation de la neutralité belge : « Nécessité fait loi ». Et pourquoi e débordement de cynisme ?

Voici. L'Allemagne était sûre à ce moment-là de la victoire. Les généraux, dont les écrits antérieurs à la guerre ont été publiés, le rapport du grand état-major à l'empereur en 1913, donnaient cette victoire comme certaine. Devant la passivité escomptée de l'Angleterre et de l'Italie, la Russie contenue, la Belgique maîtrisée, quelle résistance offrirait la France ? Après quelques mois, à la Noël de 1914, comme l'avait dit l'empereur, les troupes rassasiés de butin rentreraient. Ce serait le vainqueur qui écrirait l'histoire. La lâcheté publique, à peine interrompue par de rares courages, croirait tout. La nuit sur l'Europe. Le silence, le sépulcre. Après un siècle la vérité sortirait peut-être du tombeau ! Qu'importe ! Tout aurait été dit.

Mais surgit la Marne. L'aigle impérial, blessé cruellement, vient se terrer dans les tranchées. La guerre n'allait donc pas durer quatre mois ? Non. L'Angleterre, le Japon, étaient donc intervenus ? Oui. L'Amérique, neutre juridiquement, enveloppait de son enthousiasme fraternel la démocratie française.

Il fallut donc modifier l'attitude. Le reître se doubla du cuistre et à l'épée s'ajouta le grattoir. Alors on imagina la thèse de l'irresponsabilité de l'Allemagne, sans savoir encore sur quelle nation retomberait l'abominable fardeau. Et comme, tout de même, la guerre avait été voulue et déclarée par l'Allemagne, on déserta déjà le fait présent pour aller au fait ancien; ce fut la responsabilité de l'Entente par le crime de l'encerclement de l'Allemagne. O Duplice débile, qui, évidemment, n'encerclait personne!

Et puis, une autre période : on fabriqua ce qui manquait. Mais, surtout, on falsifia par le silence. Il est un fait inouï dans l'histoire qu'aucun peuple n'aurait toléré, c'est la publication du Livre blanc allemand. Tandis que le Livre blanc anglais contient 160 pièces, le Livre jaune français 164, le Livre orange russe 79, que contient le premier Livre blanc paru en 1914? Exactement 36 documents! Comment! Dans toute cette période fiévreuse, c'est à 36 documents que se bornait la correspondance du gouvernement allemand avec Londres, Paris, Saint-Pétersbourg et surtout avec Vienne!

Que cachait-on ainsi?

Kautsky va nous répondre. Après la fuite de l'empereur, il put colliger et publier 838 documents et quels documents! Sur quelques-uns d'entre eux, l'empereur a marqué sa colère ou sa joie par des inscriptions marginales. Et puis, le Livre bavarois est publié avec des documents accablants pour Berlin. Il est vrai que Kurt Eisner, instigateur de la publication bavaroise, fut assassiné!... Et puis, le Livre rouge autrichien est publié qui marque l'effroyable responsabilité de l'Allemagne, excitant l'Autriche!... Au regard de cela, 36 documents! C'est tout ce que ces amateurs de vérité ont pu nous livrer. Mais, à ce moment, où était le tribunal de la postérité?

L'Allemagne a reconnu sa responsabilité et par deux fois : au traité de paix d'abord, et, ce qui l'engage plus encore, si c'est possible, par le vote solennel du Reichstag du 10 mai 1921. Qu'est-ce qu'elle a à dire maintenant? Elle répète qu'en 1918 elle ignorait certains faits. Elle qui scellait ses archives ignorait des faits! Et en 1921, les ignorait-elle encore? Après la publication des documents dont nous parlons plus haut, et dont une partie émanait de son propre gouvernement, les ignorait-elle?

L'Allemagne ajoute qu'elle a avoué sous le coup de l'invasion et pour en éviter le désastre. Ce n'est pas exact d'abord. En effet, elle a renouvelé l'aveu en 1921, loin de ce spectacle terrifiant. Et qui donc fait à l'Allemagne une plus violente injure que celle qui lui vient de ses écrivains et de ses ministres? Une nation, en effet, peut tomber à genoux au chemin du vainqueur. Elle peut réclamer la paix et rendre ses armes. Elle peut accepter des clauses rigoureuses. Mais peut-elle accepter de s'avouer coupable d'un crime qui a ensanglanté le monde, quand sincèrement elle se sent innocente? A quel moment l'Allemagne n'a-t-elle plus conscience de son honneur historique? Est-ce sous les menaces des représailles ou quand celles-ci furent éloignées? Et encore, pourquoi a-t-elle parlé si tard? Ce n'est pas sous l'action d'une revanche de conscience. Un intérêt mercantile la guide. Une des bases de la responsabilité pécuniaire étant la responsabilité politique, militaire et morale, reconnue par elle, il convient de saper cette responsabilité, afin d'évincer l'autre.

Venons-en maintenant aux faits. La responsabilité
d'une guerre est un contenu de faits successifs qui
s'enchaînent l'un à l'autre et dont chacun, en remontant du présent où éclate l'orage au passé, où la nuée
est à peine visible, doit expliquer l'autre. Les mobilisations que nous discuterons, quand à leurs dates et
quant à leurs heures, aux chapitres suivants, ne sont
qu'un aspect du conflit, et d'ailleurs une guerre a été
souvent évitée malgré une mobilisation. Nous prouverons tout de même, pour être complet, que toutes les
responsabilités découlant des mobilisations sont assumées là par l'Autriche et par l'Allemagne. Mais la
mobilisation est une conséquence de l'ultimatum.
L'ultimatum, qui est la cause de la guerre par sa brutalité et sa spontanéité, est lui-même une conséquence.
Il est la conséquence de l'esprit de guerre, de la
volonté de domination, du désir d'hégémonie, de tout
ce qui a troublé le monde pendant le siècle et même
avant.

Examinons l'ultimatum du 23 juillet 1914 à la
lueur d'un autre document, lequel vise des faits antérieurs d'une année.

Le 5 décembre 1914, M. Giolitti, président du
conseil des ministres italien en 1913, prononçait à
la Chambre italienne un terrible discours dont nous
avons fait déjà état à la Chambre française le
22 décembre 1914. Voici comme il s'exprimait :
« Puisqu'il importe surtout que la loyauté de l'Italie

soit maintenue au-dessus de toute discussion, je rappelle que déjà, en 1913, l'Autriche méditait une action contre la Serbie, à laquelle elle voulait donner le caractère d'une action défensive. Bien entendu, notre ministre des affaires étrangères fit savoir à l'Autriche que l'Italie ne se croyait pas obligée de participer à une telle action. »

Jamais plus formidable accusation n'a été portée contre un pays. Est-ce qu'elle est fausse? Jamais personne, ni en Allemagne, ni en Autriche, n'y a répondu. M. de Bethmann n'en a jamais parlé, ni M. de Jagow.

Ainsi, avant l'attentat de Sarajevo, un an avant, sous le ciel serein, sur la terre tranquille, sans avoir l'excuse, même inacceptable, comme nous allons le voir, d'une émotion nationale, les deux empires centraux entraient en guerre.

Le refus de l'Italie glaça l'Allemagne. Ce refus n'était pas prévu, car la conception de l'honneur est tellement différente entre certains peuples, que quelques-uns ne peuvent pas douter qu'on ne les imite. Elle voulut attendre et, pour remplacer la nation qui refusait de se déshonorer, fourbir davantage ses armes.

C'est alors que meurt en territoire autrichien, gardé par une police purement autrichienne, organisée spécialement pour ce jour-là par un général autrichien, le prince héritier d'Autriche. « Toute mon œuvre est à recommencer », dit Guillaume II sur le yacht où lui est annoncée la nouvelle devant le prince de Monaco qui entend et qui remarque en même temps

son teint livide. A partir de ce jour, 28 juin 1914,
le guet-apens va se préparer.

L'Autriche ne dit rien. L'Allemagne ne dit rien.
On prépare le coup. On endort l'inquiétude par la
presse et on donne les garanties de sagesse verbale au
public un instant dressé. Mais l'envahissement de la
Serbie, son exécution militaire sont préparés et, dès le
premier jour, renonçant à plaider l'inconscience,
sachant, comme on va l'avouer, que le conflit touchera la Russie et allumera l'incendie général, on
va agir.

L'Allemagne a-t-elle connu l'ultimatum? Il sem-
blerait qu'une pareille question ne devrait pas se poser
même dans une école primaire. Comment admettre
que l'Autriche, qui était l'année d'avant d'accord
avec l'Allemagne pour frapper la Serbie ne se serait
pas mise d'accord cette année avec son alliée avant
de renouveler le coup? Comment admettre que,
sachant où elle allait et qu'une guerre générale allait
suivre, elle ait, sans prévenir l'alliée supérieure, porté
cette responsabilité sur elle seule au point d'être abandonnée en expiation de son intrigue et de son silence?
D'ailleurs, l'Autriche n'est pas une alliée au sens
noble du mot, qui suppose l'indépendance. Elle était
une nation asservie, livrée par son chef à une autre
nation. Mais, s'il pouvait y avoir un doute, ce doute
serait levé par l'apparition de documents. Il est juste
de dire que ces documents sont dus à la révolution
allemande, à la révolution autrichienne et surtout à la
révolution bavaroise, car la probité des ministres res-

ponsables ne nous a jamais fourni jusqu'en 1919 que des mensonges. Nous allons voir la preuve.

Tout d'abord, au premier moment, sentant la gravité de l'acte, l'ambassadeur d'Allemagne, à Vienne, Tschirschky, veut donner autour de lui des conseils de modération à l'Autriche. Ce fut une impulsion purement personnelle et d'ailleurs vite abandonnée. Et comment fut rabroué le diplomate par son chef suprême Guillaume ! Dans un rapport soumis à l'empereur, l'ambassadeur allemand à Vienne s'était permis d'écrire : « *Je profite de toute occasion pour déconseiller tranquillement mais sérieusement des mesures précipitées.* » Guillaume écrit en marge de ce rapport : « *Qui l'y a autorisé? C'est très bête. Cela ne le regarde pas du tout. C'est exclusivement l'affaire de l'Autriche de décider ce qu'elle doit faire. Après, si cela va mal, on dira : « C'est l'Allemagne « qui l'a voulu. » Que Tschirschky me fasse le plaisir de laisser là toutes ces sottises. Avec la Serbie, il faut en finir et le plus tôt possible. Maintenant ou jamais.* » (Annotation du 4 juillet 1914 de la main de l'empereur : documents allemands Kautsky n° 7).

Voilà l'état d'esprit de l'empereur Guillaume qui ose, dans ses Mémoires, invoquer l'innocence et l'ignorance. Voilà son état d'esprit le 4 juillet 1914, six jours après le meurtre, un mois avant la guerre!

L'Allemagne officielle a-t-elle connu la pensée directrice de l'Autriche, l'ultimatum, ses conséquences?

Voici les faits. Le 5 juillet, l'ambassadeur d'Autriche à Berlin vint voir l'empereur. C'était un familier ami de Guillaume qui lui garda tous ses sentiments (ceci dit pour écarter l'insinuation tardive par laquelle, pour atténuer le formidable effet des dépêches de cet ambassadeur, quelques Allemands ont voulu faire valoir que cet ambassadeur « était plus vieux que son âge »). (Mémoire de la délégation allemande en 1918. Traité de paix.) Cet ambassadeur lui remit la lettre autographe de l'empereur d'Autriche et le memorandum qui l'appuyait. Ce memorandum, peu connu, très symptomatique, est un appel à la guerre contre la Serbie. Il ne parle pas que de « sa diminution », mais aussi des autres pays balkaniques; il est menaçant et général, et il sera bien difficile, en face de ce document qui prévoyait tout un plan de revision des Balkans, de parler de localisation du conflit. Ajoutons, ce qui est plus que grave, que la rédaction de ce memorandum, occupa de mars à juin 1914 et fut close le 24 — quatre jours avant l'attentat. Cet attentat, auquel le memorandum fait une brève allusion, ne fut donc que le prétexte. Le feu fut attisé, mais il était allumé.

L'empereur cherche à atténuer l'importance de cette communication dans ses Mémoires, comme il l'avait fait dans ses tableaux. Pour effacer, il déclare qu'il n'y a pas eu le 5 juillet de conseil. Il y a eu des entrevues, dont il a été rendu compte, qui ont été successives et qui se sont échelonnées dans la journée. Première entrevue : l'ambassadeur et l'empereur. Là est communiqué le memorandum et la lettre auto-

graphe. Que fait l'empereur ? Que dit-il ? L'ambassadeur va nous le dire.

D'abord, que disait la lettre autographe à lui
communiquée ?

Et la lettre autographe du 2 juillet 1914, écrite
par l'empereur d'Autriche à Guillaume II, remise
à ce dernier quelques jours après par le comte Hoyos,
chef de cabinet du ministère des affaires étrangères
autrichien, l'empereur l'a-t-il reçue ? Oui. Mais ce
n'est pas lui qui nous le dit. Elle contenait le plan
d'invasion et le germe brûlant de l'ultimatum.
Ecoutez plutôt : « *Les efforts de mon gouvernement
doivent à l'avenir avoir pour but l'isolement et
l'amoindrissement de la Serbie... Mais cela ne sera
possible que si la Serbie, qui forme actuellement la
pierre angulaire de la politique panslave, est éliminée
comme facteur politique dans les Balkans. D'où aussi,
après le dernier et terrible événement de Bosnie, on
aura la conviction qu'on ne saurait songer à résoudre
l'antagonisme qui nous sépare de la Serbie et que le
maintien par tous les monarques européens d'une politique de paix sera menacé aussi longtemps que
ce foyer d'agitation criminelle de Belgrade sera
impuni* (1) .»

Ainsi l'empereur Guillaume sait tout. Quelle joie
sur son visage! Il a lui-même, la veille 4 juillet,
blâmé son ambassadeur de sa modération!

Va-t-il garder pour lui la nouvelle du meurtre pré-

____

(1) Livre Jaune n° 120.

paré et qu'il a rendu possible, qu'il a même précipité en paralysant les efforts de son envoyé? Il va, en tout cas, réunir autour de lui des personnages importants de l'empire.

L'empereur a fait dire en 1919, il répète aujourd'hui dans ses Mémoires, qu'il n'y a pas eu de conseil de la couronne à ce moment à Potsdam. Ne jouons pas sur les mots.

Il importe peu, pour la moralité de l'histoire, qu'en vertu d'un protocole le conseil ait été réuni, ou que, pour éviter la sensationnelle répercussion d'une réunion pareille, à une heure où le masque était encore sur le visage, les réunions aient eu lieu successivement, et même isolément, entre l'empereur et certains personnages. Ce jour-là fut arrêtée l'idée de guerre; mais comme elle était réalisable seulement vers la fin du mois, comme l'empereur allait partir pour chercher dans la douceur d'un voyage un alibi trompeur, il était bon, à voix basse et loin du public, de faire ses préparatifs. Première entrevue entre l'ambassadeur et l'empereur, lecture des documents, entretien. Nous verrons, par la communication qu'en fit l'ambassadeur à son gouvernement, nous verrons tout à l'heure ce qu'il en fut. Puis c'était si grave qu'on mande Bethmann-Hollweg et Zimmermann, remplaçant Jagow. Voilà pour le problème politique. C'était si grave que les officiers viennent, appelés par l'empereur, von Capelle, von Bentrab, von Busch. Pourquoi faire? Pour examiner le problème militaire, l'exécution après l'élaboration. Sans doute, il ne s'agit pas de faire des préparatifs bruyants, mais il faut se tenir prêts. Von Bentrab va faire sa communication au quartier-maître général, Waldersee, remplaçant le ministre de la guerre. Sous l'émotion, Waldersee dit, le 8 juillet : « Le plan de mobilisation a été arrêté le 31 mai. L'armée est prête, comme toujours. » Il part. L'ivresse accompagne ses pas. Le 17 juillet, il écrit à von Jagow, en qui il trouve une âme sœur, et le renseigne sur le plan de guerre de l'Autriche contre la Serbie; il ajoute : « Je suis prêt à bondir. Nous sommes prêts à l'état-major. Actuellement, nous n'avons rien à faire. » Il revient le 25; c'est le jour fatal de l'exécution qui commence.

Voilà la suite de ces entrevues du 5 et du 6 juillet, qui ont devancé le départ de l'empereur. Les dirigeants politiques ont donné leur avis à l'empereur, qui a donné le sien à l'ambassadeur autrichien.

Quant aux hommes de guerre, ils ont été prévenus. il fallait être prêt. A qui fera-t-on croire que dès ce jour, dans la haute armée, n'a pas circulé cette ivresse du combat, cet âpre désir de tuerie qu'un de ses chefs traduisait comme le fit Waldersee? Et quel était l'avis de l'empereur? Il apparaît à ces démarches et à ces entrevues qui ne peuvent viser que des apprêts. Mais, pour la fin du chapitre, nous le verrons, nous comblerons, à l'aide des renseignements autrichiens, la volontaire et monstrueuse lacune de ses Mémoires.

Mais poursuivons. Nous montrerons que l'Allemagne officielle a menti lorsqu'elle a déclaré ignorer l'ultimatum. Elle en a connu à la fois la substance (memorandum et lettre autographe), la date et, sans même entrevoir l'hypothèse d'une réponse satisfaisante, la sanction par la guerr, quoi qu'il arrivât. Mais continuons à accumuler sur ce point les preuves.

Si ce n'est pas un conseil, qu'est-ce donc que cet ensemble d'entrevues? Et si, par habileté, pour ne pas ébruiter la démarche, dès le 4 juillet, aucune convocation solennelle n'a eu lieu, ce qui s'est produit ne suffit-il pas pour la moralité de l'histoire? Une entrevue entre les hommes responsables de ces réunions successives a eu lieu. Pour parler de quoi? Nous venons de l'apprendre. Après cela, l'empereur peut partir. Il peut simuler un voyage de repos le long des fjords azurés de la Norvège. Tout s'apprête : et quand, le 26 juillet, il rentrera, on aura déjà lancé ce que M. Cambon appelle « le garde-à-vous général ». (Livre jaune, n° 15.) C'est l'avis préalable de mobilisation adressé « aux hommes qui doivent le recevoir en pareil cas ». Et à quelle date cet avis? Le 21 juillet?

M. de Jagow aussi, sans doute, ne savait rien. Revenu à son poste, il nous pistait dans notre voyage, doublant la diplomatie de la police. Voici la dépêche (non publiée par lui dans le Livre blanc 1914) publiée dans le Livre blanc de 1919, qu'il envoie à Vienne :

« *J'ai demandé au comte de Pourtalès* (ambassadeur d'Allemagne à Saint-Pétersbourg) *le programme de la visite de Poincaré. Il m'annonce que le président partira de Cronstadt jeudi, à 11 heures, c'est-à-dire à 9 h. 30, d'après l'heure de l'Europe centrale. Si la démarche est faite à Belgrade demain, à 5 heures, elle sera connue à Saint-Pétersbourg pendant la présence de Poincaré.* »

A cette dépêche, l'ambassadeur d'Allemagne à Vienne, répond le 23 : « *Le gouvernement impérial et royal vous remercie de votre information. Le ministre a été invité à retarder la remise d'une heure.* » (*Documents allemands*, Kautsky, 93, 96, 112, 127.)

Ainsi le chef de la politique étrangère ignorait la substance de l'ultimatum, mais, pour masquer son mensonge, il recommandait de retarder l'heure du dépôt pour que cette nouvelle ne trouvât pas réunis les alliés à Saint-Pétersbourg. Et lui, qui a télégraphié cela le 21 juillet à Vienne, a osé dire le 24 juillet, dans une dépêche par lui adressée à l'ambassadeur allemand à Rome (*Documents bavarois*, page 6), qu'il n'avait pas d'information précise sur le contenu de la note autrichienne! Voilà avec qui on devait négocier!...

Faut-il maintenant qu'une preuve supplémentaire vienne s'ajouter à toutes celles que l'histoire élève comme un monument écrasant contre l'Allemagne officielle de 1914? Elle émane des documents bavarois que nous venons de citer, qui sont naturellement teints de sang, l'homme qui a voulu dire la vérité, Kurt Eisner, président du conseil bavarois en 1918, ayant payé de sa vie l'audace sainte du devoir. C'est une lettre qui émane de M. de Schoen, parent de l'ancien ambassadeur à Paris. M. de Schoen était à Berlin comme chargé d'affaires du cabinet bavarois et, le 18 juillet 1914, il écrivait au comte Hertling, président du conseil bavarois, la lettre suivante, que nous citons en partie seulement, car elle est fort longue :

« Monsieur le comté,

« D'après les conversations que j'ai eues avec le sous-secrétaire d'Etat, avec les chefs de service chargés des affaires des Balkans, et de la Triple-Alliance au ministère des affaires étrangères et avec l'ambassadeur d'Autriche-Hongrie, j'ai l'honneur d'adresser à Votre Excellence le rapport suivant sur les mesures projetées par le gouvernement austro-hongrois à l'égard de la Serbie :

« La démarche que le cabinet de Vienne a décidé d'entreprendre à Belgrade et qui consistera dans la remise d'une note aura lieu le 25 de ce mois. La remise de toute action à ce moment-là a pour motif qu'on désirerait attendre le départ de MM. Poincaré et Viviani de Saint-Pétersbourg pour ne pas faciliter aux puissances de la Duplice une entente en vue d'une contre-action éventuelle. Jusqu'ici, on se donne à Vienne l'apparence de sentiments pacifiques par la mise en congé du ministre de la guerre et du chef de l'état-major général et on agit aussi, non sans résultat, sur la presse et sur la police. On reconnaît ici que le cabinet de Vienne agit habilement. On regrette seulement que le comte Tisza qui, auparavant, se prononçait contre des mesures énergiques, ait un peu soulevé le voile par ses déclarations à la Chambre des députés hongroise.

« La note, d'après ce qui a été établi jusqu'ici, contiendrait les exigences suivantes :

« 1° Une proclamation du roi de Serbie dans laquelle il serait dit que le gouvernement serbe est entièrement étranger à l'agitation pan-serbe et la désapprouve;

« 2° L'ouverture d'une enquête contre les complices de l'attentat de Sarajevo et la participation d'un fonctionnaire autrichien à cette enquête.

« Pour l'acceptation de ces demandes, on accorderait un délai de quarante-huit heures. Il est évident que la Serbie ne peut accepter de pareilles conditions qui seront incompatibles avec sa dignité d'Etat indépendant. La conséquence sera donc la guerre.

« Signé : SCHOEN. »

Il faut remarquer que ce rapport est beaucoup plus long, mais que le reste n'a pas d'utilité au débat actuel. Il n'a d'ailleurs pas été publié, ni discuté.

Quant au comte Lerchenfeld, représentant la Bavière à Berlin, le 9 décembre 1914, il écrivait au gouvernement bavarois pour lui dire « comment il pouvait mentir et comment il devait mentir ». (Expression employée par le docteur Lowenheld, avocat, en remettant la lettre de Schoen au président du tribunal de Munich pour que lecture en fut donnée à l'audience du 28 avril 1922.)

LÉGATION ROYALE
DE BAVIÈRE
—

« Berlin, le 9 décembre 1914.

« Très honoré ami,

« Le Livre jaune français n'est pas encore ici ; mais les journaux en ont déjà apporté des extraits. Celui du *Matin* parle d'une conversation entre Votre Excellence et le chargé d'affaires français, M. Allizé, qui est signalée également dans les journaux allemands. D'après l'extrait du *Matin*, Votre Excellence aurait dit à M. Allizé que l'ultimatum autrichien était connu de vous. D'après le *Berliner Tageblatt*, vous vous seriez ainsi exprimé : « Que l'ultimatum vous « était connu dans ses traits principaux et que vous « considériez la situation comme grave. »

. . . .

« Maintenant, je sais, par les dossiers, que Votre Excellence a eu connaissance du contenu essentiel de la note autrichienne d'ultimatum par le rapport du chargé d'affaires d'alors, M. de Schoen, en date du 10 juillet de l'année courante, n° 386.

« M. de Schoen, dans son rapport, a fait remarquer que l'Allemagne prétendra avoir été aussi surprise par l'action autrichienne que l'ont été toutes les

autres puissances. Il va sans dire qu'il faut y per-
sister et qu'il faut donc contester, quoi qu'il arrive,
que Votre Excellence ait connu le contenu de l'ultimatum avant sa remise. Or, comme dit le *Matin*, il
ne peut être admissible que ce que l'on savait à
Munich ait été ignoré à Berlin... Vis-à-vis de l'étranger, il faut contester, quoi qu'il arrive... Mais Votre
Excellence jugera de tout cela au mieux d'elle-même
et je prie de n'imputer mes propositions qu'à ma bonne
intention de faire disparaître la chose du tapis autant
que possible sans faire un pli. Je voudrais faire encore
cette remarque : on en viendra bien sans doute à
faire paraître une rectification dans la *Gazette de
Bavière*. Peut-être Votre Excellence m'enverra-t-elle
en même temps que la réponse à la présente lettre le
projet d'une telle déclaration, dont je puisse m'entretenir avec l'Office des affaires étrangères.

« *Signé :* Comte LERCHENFELD. »

N'est-ce pas admirable? Il faut nier coûte que
coûte! Voilà la moralité de la diplomatie allemande :
le 16 juillet 1914, un chargé d'affaires de Berlin écrit
à Munich pour rendre compte de l'ultimatum que, le
23 juillet, M. de Jagow prétend ne pas connaître, —
ni l'empereur!

Que dire après cela? Comment perdre son temps
à des lectures, à compiler les témoignages et à les
accumuler les uns sur les autres? A quoi cela sert-il?
Le monde est convaincu. Quant à convaincre les

auteurs responsables du crime, aucune dialectique ne peut suffire à cela. Un fait? Il est faux. Un document? Il est falsifié. Kautsky? C'est un juif. Kurt Eisner? C'est un faussaire et d'ailleurs on l'assassine.

Dans aucun prétoire, à moins que ne soit sous les huées du public, il n'existerait un pareil débat entre un accusé de droit commun et la justice.

CHAPITRE VI

AVANT L'ULTIMATUM

On sait ce qui advint le 25 juillet, mais ce qu'il faut mettre en lumière, parce que longtemps ces documents furent confisqués par la bonne foi officielle allemande, c'est l'acharnement maladif de l'empereur Guillaume II. Il est parti pour une croisière le 10 juillet. A quoi peut penser ce voyageur paisible, sinon au ciel, à la terre et à la paix? Eh bien! pas du tout. Il pense à sa flotte, à sa bonne flotte de guerre. Et le 19 juillet, il donne l'ordre de maintenir cette flotte concentrée jusqu'au 25, c'est-à-dire qu'il veut intimider l'Europe désarmée pendant le délai où la Serbie examinera l'ultimatum. Mais après le 25 juillet? Après le 25 juillet, il sent bien qu'il sera prêt, armé, et qu'il compte que la bonne foi des autres n'aura organisé aucun préparatif. En vain, le chancelier le supplie de ne pas agir ainsi, lui dit que la flotte anglaise va se disperser, que la concentration de la flotte allemande peut donner des inquiétudes. Voici la note impériale, en marge de cette dépêche : « *La mobilisation à Belgrade peut entraîner la mobilisation russe, qui aura pour conséquence celle de l'Autriche; dans ce cas, il faut que je concentre les forces sur terre et sur mer... C'est ce que le chancelier civil n'a pas encore pu comprendre* » (*Documents allemands*, Kautsky, 182). Cette note est imprégnée par avance de tout le sang qui sera versé. Ainsi, il sait — et Kautsky d'ailleurs le proclame — que la conflagration générale va sortir de ce conflit, il le sait et il y pousse! Il attise! Il excite! Aucune mesure d'apaisement ou de conciliation ne pourra, désormais, être défendue auprès de ce cerveau affolé d'orgueil.

Le 23 juillet (document 121), l'ambassadeur à Londres fait connaître l'avis de sir Edward Grey. Ce dernier déclare que « les conditions autrichiennes pourront être recommandées à la Serbie si elles ne sont pas inconciliables avec l'indépendance de l'Etat »! Voici ce qu'écrit l'empereur déchaîné : « *Il ne lui appartient pas d'apprécier ces points. Cela regarde S. M. l'empereur François-Joseph.* »

Le ministre britannique ayant dit que l'Allemagne saura se tenir à l'écart de manœuvres qui peuvent amener la guerre et qui sont tout entières dans l'exploitation de l'assassinat de Sarajevo, voici ce qu'écrit l'empereur : « *C'est une monstrueuse impertinence britannique. Je ne suis pas appelé à dicter à la Grey*

*des lois à S. M. l'empereur en ce qui touche la con-
servation de son honneur. La Serbie est une bande de
brigands qui doivent être arrêtés pour crime. Je ne
m'ingérerai pas dans une question que l'empereur a,
seul, qualité pour apprécier... C'est tout à fait la façon
de penser britannique et cette attitude impérieuse et
condescendante que j'entends voir repousser. »* (D.
A. n° 121.)

Ainsi, pendant la durée de toutes ces sinistres journées, quand l'Europe attend, quand tous les espoirs
qui ont déserté la modération autrichienne reposent sur
la pondération serbe, quand les grandes puissances,
l'Angleterre, la Russie, la France, combinent leurs
efforts pour arriver à neutraliser la querelle, un
homme, un seul, excite au massacre! M. de Bethmann-Hollweg lui-même veut éviter une mesure qu'on
pourra interpréter comme une mesure de provocation.
C'est « un imbécile » (traduction libre de la note
marginale lue plus haut). M. de Berchtold lui-même,
dans un de ces moments où l'excitation s'apaise et où
la conscience reprend son contrôle, veut rassurer la
Russie! C'est un « faiblard ». (Note marginale.)

Voilà l'homme qui va se déchaîner jusqu'au
1er août sur le monde! Empereur et pitre, vaniteux
et sanglant! A chaque page des documents allemands, les seuls que nous invoquions, se dessine de
plus en plus, à chaque minute, la sombre figure du
responsable.

Quand on fut bien certain que la mer nous séparait
de la Russie, et après toutes ces excitations meurtrières

et furibondes, l'ultimatum fut déposé aux mains du gouvernement serbe. On doit en répéter les termes outrageants, écrits de sang et non d'encre, qui déshonorent à jamais la mémoire de ceux qui y ont pris part : Allemands complices et Autrichiens auteurs principaux de ce forfait contre l'humanité. Un cri de colère au lendemain du meurtre, une manifestation populaire irraisonnée, des arrestations même peu fondées, des mesures même brutales, tout se comprend, à condition que, lorsque la vérité apparaît, l'heure du sang-froid revienne...

Mais ici on laisse s'écouler vingt-cinq jours! Les a-t-on au moins employés à une enquête? Oui. A quels résultats a-t-on abouti? Evidemment, il ne s'agissait pas de rechercher les coupables eux-mêmes. Il s'agissait d'éclairer la situation politique et de savoir si le gouvernement serbe était responsable, même moralement, du crime accompli. L'Autriche avait envoyé un de ses agents. Elle avait confiance en lui. Voici ce que, le 13 juillet, dix jours avant l'ultimatum, cet agent répondait :

Herr von Wiesner,
au ministère des affaires étrangères,
Vienne.

Sarajevo, 13 juillet 1914.

Connivence de la part du gouvernement serbe, participation à attentat ou à sa préméditation ne sont prouvées par rien. On ne peut même le soupçonner. Au contraire, il y a des indications qui font rejeter ces suppositions. (Livre autrichien, n° 17, page 60.)

Mais, qu'importait l'enquête, du moment que celle-ci n'aboutissait pas à la confusion du gouvernement serbe? Elle n'avait été ordonnée que pour mettre à jour sa responsabilité. Du moment que ce résultat ne pouvait pas être atteint, il fallait la guerre tout de même.

L'Autriche est bien convaincue du mensonge historique où elle va engager son honneur. La main tremblante du vieil empereur est tenue par la main plus ferme de l'empereur d'Allemagne. L'écrit empoisonné qui va contenir le malheur du monde est rédigé.

Faut-il rappeler les clauses de ce document? Le voici en résumé : « Le gouvernement serbe devait publier dans son *Journal officiel* du 26 juillet et proclamer dans un ordre du jour du roi adressé à l'armée, une condamnation de la propagande serbe en Autriche-Hongrie et avertir toute la population qu'à partir de ce moment on procéderait avec la dernière rigueur contre les personnes qui se rendraient coupables de pareils agissements. Le gouvernement serbe devait aussi : 1° Supprimer toute publication excitant au mépris ou au démembrement de l'Autriche-Hongrie; 2° Dissoudre toutes les sociétés s'adonnant à la propagande contre l'Autriche; 3° Chasser du corps enseignant et des moyens d'instruction tous ceux qui servent à fomenter cette propagande; 4° Destituer tous les officiers et fonctionnaires coupables de cette propagande et dont l'Autriche allait donner les noms au gouvernement serbe; 5° Accepter la collaboration sur le territoire serbe des fonctionnaires du gouvernement autrichien dans la surveillance du mouvement dirigé contre l'intégrité de la monarchie; 6° Dans l'instruction ouverte contre les partisans du complot du 28 juillet, accepter la collaboration des fonctionnaires du gouvernement autrichien, etc. »

C'est à juste titre que sir Edward Grey a dit :

« C'est le document le plus outrageant qui ait jamais circulé à travers l'histoire. »

On sait la suite : le gouvernement serbe accepte tout, sauf la collaboration des fonctionnaires autrichiens dans l'enquête administrative et dans l'enquête judiciaire — et on verra plus tard que, même sur ce point, il finit par céder. Il accepte tout ce qui n'est pas incompatible avec l'honneur, tout ce qui ne détruit pas l'histoire construite par les héros, tout ce qui n'est pas la honte éternelle écrite sur l'étendard et qui ne vaut pas l'épitaphe souvent immortelle qui orne le tombeau !

Le soir du jour où la réponse de la Serbie fut donnée, des figures différentes apparurent selon les attitudes et selon les chancelleries. Les diplomates neutres ont écrit qu'à Berlin des hommes connus dans la diplomatie et dans la politique montrèrent des physionomie courroucées. C'était la paix ! Mais partout où il y avait un homme pour vivre, un esprit pour raisonner, un embryon de civilisation et de justice, on respirait. Ce n'était pas la guerre !

« Mais quoi? Que se passe-t-il? Comment peut-on tolérer que les journaux publient en un pareil moment des fausses nouvelles? Le ministre d'Autriche à Belgrade a quitté son poste deux heures après avoir reçu cette réponse conciliante? Ce n'est pas possible! »

Tel est le cri de surprise, dans presque toutes les capitales de l'Europe, des passants qui lisaient sur les journaux la nouvelle cependant vraie. Le ministre autrichien avait quitté son poste. Déjà avant de recevoir la réponse, peut-être avant de déposer l'ultimatum, le ministre avait fait ses préparatifs et scellé ses archives. Il avait, depuis quelques semaines, reçu l'ordre de partir, quelle que fût l'attitude du gouvernement serbe. Nous allons voir tout de suite, au prochain chapitre, les négociations vaines, les appels à la justice sourde, les propositions de transaction, la rencontre de la modération et de la bestialité.

Et voilà comment et pourquoi moururent des millions d'hommes! Parce que le plan de guerre était ourdi depuis des années; parce qu'il fallait un prétexte, celui-là ou un autre; parce que, avant même le meurtre rendu si aisé par l'attitude de la police autrichienne, le memorandum de mort était rédigé! Parce qu'il y avait sur le trône d'Autriche un vieillard épuisé dans sa sève intellectuelle, sur le trône d'Allemagne un cavalier intrépide dans les jours de parade et qui, naturellement, abandonna ses troupes le jour du péril et jeta son épée dans le fossé! La sénilité et la lâcheté!

Ainsi les preuves s'accumulent qui démontrent non seulement que l'empereur d'Allemagne a connu, dès le début de juillet, la substance de l'ultimatum, qu'il a mandé spécialement des diplomates et des hommes de guerre, qu'il a interdit toute pensée conciliatrice de voir le jour. Peut-on essayer de dire, dans la dernière hypothèse que puisse construire à son profit une suprême impartialité, que l'empereur ne croyait pas aller si loin; qu'il voulait frapper un coup de poing sonore sur la table pour ébranler les encriers et non jeter la foudre à travers le monde; qu'il a été mal compris, mal servi, entraîné?... Ce serait déjà grave. En ces moments, l'imprudence ne peut aboutir simplement à l'homicide involontaire; mais cela n'est même pas vrai. L'empereur savait tout. Il savait que la guerre allait surgir, que le sang allait couler.

Voici deux documents accablants livrés par la révolution autrichienne. C'est le Livre rouge autrichien qui parle. Je pourrais citer plusieurs dépêches qui s'y trouvent. Je les cite dans leur date. Il s'agit d'abord d'une dépêche du comte Szôgyeny au comte Berchtold. Ce comte Szôgyeny est, on le sait, ambassadeur autrichien à Berlin.

Télégramme N° 237.
Chiffré. Strictement secret.

Berlin, le 5 juillet 1914.

Après que j'eus porté à la connaissance de l'empereur Guillaume que j'avais à lui remettre une lettre autographe de Sa Majesté I. R. apostolique que m'avait apportée aujourd'hui le comte Hoyos, j'ai reçu de Sa Majesté allemande une invitation à déjeuner au nouveau palais pour aujourd'hui midi.

J'ai remis à Sa Majesté la lettre autographe et le mémorandum annexé.

En ma présence, l'empereur a lu avec la plus grande attention les deux pièces.

Tout d'abord, l'empereur m'assura qu'il s'attendait à une action sérieuse de notre part à l'égard de la Serbie et qu'il devait avouer qu'à la suite de l'exposé de notre auguste souverain, il devait envisager la possibilité de sérieuses complications européennes et qu'en conséquence, avant d'en avoir délibéré avec le chancelier de l'empire, il ne voulait me donner aucune réponse définitive.

Après le déjeuner, comme j'insistais encore énergiquement sur la gravité de la situation, Sa Majesté m'autorisa à dire à notre Auguste Maître que, dans ce cas, nous pouvions aussi compter sur l'entier appui de l'Allemagne. Comme il me l'avait dit, l'empereur devait au préalable prendre l'avis du chancelier de l'empire; mais il ne doutait aucunement que M. de

*Bethmann ne donnât son entier assentiment à son
opinion.*

*En particulier, il en serait ainsi en ce qui concerne
notre action contre la Serbie. A son avis (celui de
l'empereur Guillaume), il ne fallait pas différer cette
action. L'attitude de la Russie serait en tout cas hostile, mais elle y était préparée depuis des années, et
même si on devait en venir à une guerre entre l'Autriche-Hongrie et la Russie, nous pouvions être con-*
vaincus que l'Allemagne, avec sa fidélité habituelle
à l'alliance, se tiendrait à nos côtés. La Russie, d'ailleurs, en l'état de choses actuel, n'est pas prête pour
la guerre et hésiterait certainement beaucoup à recourir aux armes. Mais elle exciterait les autres puissances de la Triple-Entente contre nous et attiserait
le feu dans les Balkans.

*Il comprenait très bien qu'il serait pénible à Sa
Majesté I. R., vu son amour bien connu de la paix,
d'envahir la Serbie; mais si nous avions véritablement
reconnu la nécessité d'une action guerrière contre la
Serbie, lui (l'empereur Guillaume) regretterait que
nous laissions passer sans l'utiliser le moment actuel
si favorable pour nous.*

. . . .

*L'empereur Guillaume se propose de se rendre
demain à Kiel et de partir de là pour son voyage
dans les pays du Nord, mais auparavant Sa Majesté
conférera avec le chancelier de l'empire sur l'affaire
en question et il l'a convoqué à cet effet de Honfinow
pour ce soir au nouveau palais.*

En tout cas, je trouverai l'occasion, au cours de la journée de demain, de m'entretenir avec le chancelier de l'empire.

Second télégramme :

Le comte Szôgyeny au comte Berchtold.

Berlin, 12 juillet 1914.

Rapport n° 60 P. Objet : L'attitude de l'Allemagne dans la crise serbe actuelle.

A Son Excellence le comte Berchtold,

Ainsi que Votre Excellence l'a appris par mes informations télégraphique de ces jours derniers et par les impressions recueillies ici personnellement par le comte Hoyos, non seulement Sa Majesté l'empereur Guillaume ainsi que les autres personnalités dirigeantes d'ici se tiennent fermes et fidèles à l'alliance derrière la monarchie, mais encore l'encouragent avec la plus vive insistance à ne pas laisser échapper l'occasion actuelle, mais à agir très énergiquement contre la Serbie et à en finir une fois pour toutes avec ce nid de conspirateurs, en nous laissant entièrement le choix des moyens que nous considérerions comme opportuns.

.   .   .   .

Ces deux télégrammes, surtout celui du 5 juillet, sont la traduction sincère par l'interlocuteur privilégié de l'empereur Guillaume, l'ambassadeur autrichien à Berlin, de la pensée de l'empereur.

Ainsi, le 5 juillet, l'empereur savait. Ainsi, le 5 juillet, il encourage l'Autriche, l'excite, la pousse jusqu'au bout. L'ultimatum à la Serbie n'est pas encore rédigé. Seule la pensée substantielle, qui doit le constituer, a été préparée. Elle est connue de l'empereur. Au premier moment, il la trouve tellement grave qu'il ne veut pas répondre sans avoir vu son chancelier, dont il dira d'ailleurs, dans la suite, « qu'il est sûr de la docilité de son opinion ». Et puis, sans même attendre que le chancelier arrive, il offre son appui au meurtre.

Où va-t-on? L'empereur le voit clairement. Il le dit : « A la guerre!... A la guerre générale? » Oui... Bon moment! Heure bénie et opportune! La Russie est hostile, mais n'est pas prête. Il n'ignore pas cependant le système des alliances, leur enchaînement, que la flamme deviendra l'incendie. Au contraire, il l'espère.

Il appelle ses conseillers pour attiser plutôt cet incendie et l'activer.

On pense ce qu'ont pu être ces entretiens qu'il a osé nier dans ses Mémoires, et où il a pris la parole vis-à-vis d'hommes habitués à l'agenouillement, alors qu'il avait déjà en lui l'idée de guerre.

Quoi qu'il puisse advenir, quel que soit le jeu de la politique, la guerre est mûre à cette date du 5 juillet 1914. Et c'est le même homme qui, à la fin du carnage, quand des millions de malheureux seront tombés, quand il osera à peine regarder la terre accusatrice de peur d'y voir surgir un tombeau, s'écriera, sous le coup d'un tardif remords ou sous le coup de la terreur religieuse : « Mon Dieu, je n'ai pas voulu cela ! »

Mères de tous les pays, vous l'entendez, il n'a pas voulu cela ! Il ne l'a pas voulu le cinq juillet !

CHAPITRE VII

L'ULTIMATUM A LA SERBIE

Dès mon arrivée à Paris, je ressaisis les services et je pus enfin apprendre, dans l'analyse du détail, tout ce qui s'était passé, ce que savait le public, ce qui restait confidentiel, en un mot, l'ensemble de la situation.

Le ministère français des affaires étrangères, aidé, en l'absence de M. de Margerie, qui m'accompagnait, de l'expérience de M. Philippe Berthelot, soutenu dans des conseils quotidiens par nos collègues ardents à la défense du pays en même temps qu'au maintien de la paix, géré par M. Bienvenu-Martin, avait été à hauteur de sa tâche et, une fois de plus, il était démontré que le clair bon sens d'un bon Français et sa haute conscience pouvaient faire face à de terribles éventualités.

Que s'était-il passé en notre absence?

En rapprochant ce que l'on sait maintenant par la production tardive de documents cachés jusqu'en 1919, on peut mieux éclairer la situation et pénétrer,

comme avec un jet de lumière, aux profondeurs mal-
saines de certaines consciences.

Au 25 juillet, jour de la réponse serbe, nous ignorions la tenue du conseil ou, si l'on aime mieux, les
entrevues du 5 juillet. Je les ai relatées plus haut en
les basant surtout sur la terrible dépêche de l'ambassadeur autrichien à Berlin. A cette date, l'empereur
Guillaume, averti de la substance de l'ultimatum qui
surgira devant le monde dix-huit jours plus tard,
averti par la lettre autographe de l'empereur d'Autriche de l'exécution de la Serbie qu'il fallait éliminer
de l'Europe, à cette date l'empereur Guillaume aper-
çut, et il le dit, les conséquences. Les conséquences,
c'était la mobilisation russe répondant naturellement
à la mobilisation autrichienne. Les conséquences,
c'était la guerre.

Le 21 juillet, en maintenant la concentration de la
flotte allemande, malgré la démobilisation annoncée
de la flotte anglaise, l'empereur émettait la même opinion, à savoir que la guerre allait naître de l'ultimatum. Cela on le sait maintenant. On l'ignorait alors.
Mais, sans pouvoir juger encore, comme aujourd'hui,
les intentions belliqueuses, on va les voir apparaître
dans le plan dressé. Après tout, on les avait celées
au monde, pendant plus de vingt jours ; c'était déjà un
triomphe pour la duplicité.

Dès le 24 juillet, jour où l'ultimatum est connu,
notifié aux chancelleries, avant même la réponse, le
plan se dessine : il faut épouvanter le monde. Les
ambassadeurs allemands se présentent aux chancelle-

ries, auprès desquelles ils sont accrédités, et vont, avec des nuances exigées par l'état de l'opinion ou déterminées par leur caractère, annoncer que la situation est grave. Ils vont même plus loin : « Le conflit est un conflit austro-serbe, disent-ils, et si une nation quelconque veut s'en mêler, cette intervention aura d'incalculables conséquences. »

Telle est la parole comminatoire que M. de Jagow nous fait porter par M. de Schoen.

Qu'on s'arrête un instant! En ce moment, je veux dire aujourd'hui, nous savons que, le 5 juillet, l'empereur d'Allemagne a si bien prévu que le conflit ne pourrait pas demeurer localisé entre l'Autriche et la Serbie, qu'il a pris des mesures contre les préparatifs éventuels et naturels de la Russie, dont il sait bien qu'ils seront rendus nécessaires par la mobilisation autrichienne. Il avait jugé, et clairement, le caractère du conflit et qu'il serait étendu.

Or, le 24 juillet, on nous pria aimablement de nous taire, d'attendre, de regarder, et on nous avertit que la guerre nous sera déclarée si nous avons la prétention d'intervenir pour la paix.

Les paroles que porte M. de Schoen au Quai d'Orsay n'ont pas d'autre sens.

M. de Schoen ne fut pas long à s'apercevoir qu'il avait pénétré comme un mandataire inconscient dans une impasse.

— Comment ne pas se mêler du conflit? lui répond-on. Et vous, le ferez-vous? L'Autriche est votre alliée; n'allez-vous pas lui donner des conseils de modération; et vous laisserez-vous entraîner dans l'abîme par elle?

— Mais il faut parler à Saint-Pétersbourg, répond l'ambassadeur allemand.

— Et vous, à Vienne, puisque, de votre propre aveu, le conflit n'est pas localisable.

— Je n'ai pas d'instructions.

C'était vraiment trop simple.

Mais voici qui est d'un incomparable cynisme. M. de Schoen revint quatre fois au Quai d'Orsay. Et pourquoi? Pour présenter à notre approbation une note de laquelle il résultait que l'Allemagne et la France, solidaires, interviendraient à Saint-Pétersbourg pour prêcher la modération!

On comprend la manœuvre. L'Allemagne ne dit rien à Vienne, à moins qu'elle ne l'excite. Et nous, nous aurons la consolation de donner des conseils de sagesse à Saint-Pétersbourg, qui, comme on le verra, n'en a pas besoin. Et ce n'est pas tout! Nous lui donnions des conseils publiquement, en solidarité avec l'Allemagne qui se présentait ainsi avec nous la main dans la main, comme la gardienne de la paix du monde. La conséquence de cette intrigue, qu'il aurait fallu être bien naïf pour ne pas deviner, était facile à déduire : la Russie sera considérée comme méritant les reproches de l'Allemagne et de la France, par conséquent comme responsable. On verra bientôt, par une dépêche de l'empereur et par une dépêche de M. de Bethmann-Hollweg du 31 juillet, que ce fut le plan.

M. de Schoen fut poliment éconduit.

En même temps, à Saint-Pétersbourg, pression sur la Russie pour lui interdire l'accès du débat international et même menace sur les « conséquences incalculables ». A Londres, l'ambassadeur, plus habile, dans un milieu qu'on jugeait moins défavorable à l'Allemagne, évolue avec plus de tact et aurait rendu à son pays, si ce dernier avait su en profiter, le service d'éclairer tout de suite son gouvernement sur les intentions du gouvernement britannique.

Le rôle des ambassadeurs décèle d'ailleurs toute la pensée de préméditation du gouvernement allemand. A Vienne, l'ambassadeur ne laisse pas se relâcher un instant le lien de servitude qui rattache l'Autriche à l'Allemagne et souffle sur le feu qui va dévorer le monde avec d'autant plus de zèle, qu'ayant voulu fournir autour de lui quelques conseils de modération, il a été rabroué par l'empereur. (Voir le chapitre précédent.) A Saint-Pétersbourg, M. de Pourtalès qui, pour notre confusion, se rattache par un rameau heureusement distendu à la souche française, doit épouvanter le gouvernement russe, le mettre en face de la guerre, l'aveugler du reflet de la poudre meurtrière. A Londres, le prince Lichnowsky pourrait mettre au service de son pays l'expérience acquise dans de nombreuses années, la sympathie qu'il a conquise, même une certaine autorité. Mais il prévient un gouvernement sourd et fait des signes à des ministres aveugles. On lui a adjoint, sous la rubrique diplomatique, un surveillant, M. de Kulmann, qui détruira par ses rapports secrets l'effet des notes publiques de son chef, et, on verra que le prince Henri de Prusse, traduisant mal une conversation tenue avec le roi Georges, a amené dans la politique de son pays, au suprême moment, un soubresaut.

M. de Schoen n'avait aucune instruction positive, au moins jusqu'au 31 juillet.

Je ne connaissais pas cet ambassadeur parce que trop bref (du 16 juin au mois d'août 1914) avait été le temps par moi passé avant la guerre au ministère des affaires étrangères. Il me sera donc difficile de porter sur lui un jugement définitif et que je voudrais, même provisoire, impartial. La plupart de ses dépêches marquaient le désir d'apaiser le gouvernement allemand et de lui montrer la situation vraie de la France, pacifique et résolue. Je l'ai vu naturellement souvent depuis le 29 juillet jusqu'au 3 août au soir. Il était généralement sans nouvelles précises de son pays et venait se renseigner sous le coup d'une curiosité bien légitime. S'il n'a pas joué un rôle bien actif, du moins il faut lui rendre ce témoignage que, pour se faire valoir il n'en a jamais joué un, ou perfide ou mauvais. Mme de Schoen était d'origine belge. J'ai toujours pensé que, sans déserter la cause de son pays, son mari était évidemment troublé par l'imminence du péril qui menaçait une nation par lui aimée.

A certaines heures, M. de Schoen paraissait embarrassé de son rôle, et il le fut si bien que, comme on le verra, il se refusa à me communiquer une dépêche outrageante pour la France, qu'il a lui-même et plus tard, dans ses Mémoires, justement qualifiée. L'homme était courtois; j'ai la conviction qu'il n'a jamais été à la mesure extrême que lui commandait son gouvernement.

Il est vrai que la diplomatie commet parfois des erreurs dont la distance explique l'importance. M. de Bethmann-Hollweg et M. de Jagow croyaient sans doute que se trouvait à Paris un gouvernement impuissant, en face d'une démagogie bourdonnante, et en même temps d'un chauvinisme exaspéré; et c'est ainsi qu'on a compté à Berlin, au lendemain de la mort de Jaurès, sur un soulèvement de Paris. On pensait qu'on pouvait donc tout attendre de la faiblesse et de la peur. Plus rapproché, M. de Schoen a vite compris qu'on ne posait à un gouvernement que des questions qu'autorisait sa fermeté.

Ainsi va se poursuivre, pendant quelques jours, le plan : tromper les Anglais et, en général, le monde, sur les intentions autrichiennes; proclamer qu'aucune annexion serbe ne serait faite, comme si l'hégémonie d'une nation n'avait pas un sens politique plus étendu encore; garder le silence sur l'absorption future de la Serbie par les autres peuples balkaniques; créer l'hégémonie allemande dans les Balkans; faire le pont avec la Turquie et Bagdad; et, pour le reste, prévenir qu'il y avait danger de mort pour quiconque toucherait à l'instrument si bien préparé. Puis, à l'abri du mensonge et du chantage, exciter en Russie les passions slaves, pousser à des préparatifs de défense mal interprétés; créer, au besoin, un incident de police obscur; rendre ainsi la Russie responsable et, en dernière analyse, entraîner la France, alliée de la Russie.

Cependant, un autre plan parallèle était préparé; après tout, si la France se neutralisait par l'inertie et par la peur, c'était la Russie abandonnée à elle-même, la double Entente disloquée. Après cela, l'indifférence de la Russie étant acquise, le tour de la France isolée était venu; ou la guerre faite à la charge de l'Entente, ou la dislocation de l'Entente et l'hégémonie de l'Allemagne. Nous verrons plus tard que, surtout dans la journée du 31 juillet, nous avons été en présence de ce péril.

Il fallait, pour que ce plan réussît, un coefficient, et qui fût fourni par la Serbie irritée. Que se passera-t-il si la Serbie cède? Va-t-on pouvoir, devant le monde, continuer à agir contre elle? Que répondre à ceux qui veulent demeurer loin de l'explosion, mais qui ont le droit de demander des comptes? Ce fut pour l'Allemagne une minute d'hésitation qu'il faut marquer, d'abord, parce que la vérité l'exige, et aussi parce que cette hésitation, qui ne dura pas, montre à quel point le cerveau, le corps, l'âme, la conscience, si j'ose m'exprimer ainsi, étaient engagés dans l'engrenage.

Le 28 juillet, l'empereur, rentré le 26 ou le 27, est face à face avec la réponse serbe qui, d'ailleurs, lui a été communiquée par télégramme, comme l'étaient, pendant sa croisière, d'heure en heure, tous événements. Il ne l'attendait pas si conciliante. Il écrit à M. de Jagow : « *Après avoir parcouru la réponse* serbe que j'ai reçue ce matin, je suis convaincu que, dans l'ensemble, les désirs de la monarchie du Danube sont accomplis. *Les quelques réserves que la Serbie fait sur certains points peuvent, à mon avis, être réglées par des négociations. Mais la capitulation la plus humble est annoncée urbi et orbi et, par là, tout motif de guerre disparaît.* » (D. A. N° 293.)

Tout est bien. Que n'a-t-il rendu cette pensée définitive en persistant auprès de l'Autriche pour qu'elle l'adoptât? Qui expliquera qu'étant donné ce jugement l'Autriche ait pu rester libre de continuer ses violences? Qui expliquera après cela que la guerre ait pu être déclarée à la Serbie?

C'est ceci qui va l'expliquer. L'empereur Guillaume ne peut se séparer de l'idée de guerre, allumée en lui depuis des années, excitée en sa cervelle le 5 juillet, et qui est venue la visiter, bien entendu, sous l'aspect radieux d'une victoire facile. Il ne peut décidément lâcher la pauvre proie et il écrit, dans le même document, ce qui suit :

« *Toutefois, il n'y a lieu d'attribuer à ce morceau de papier (la réponse serbe) et à son contenu, qu'une valeur limitée, tant qu'il ne sera pas traduit par des faits. Les Serbes sont des Orientaux et, par conséquent, menteurs, faux, et maîtres consommés dans l'emploi de moyens dilatoires. Pour que (belles promesses deviennent une vérité et une réalité, il fau exercer une « douce violence ». On pourrait la réaliser de la façon suivante : l'Autriche pourrait occu-*

per *Belgrade comme gage de l'accomplissement des promesses et maintenir cette occupation jusqu'à ce que ses exigences aient reçu en fait leur exécution. C'est également nécessaire pour donner une satisfaction d'honneur apparente à une armée qu'on a mobilisée inutilement pour la troisième fois... Naturellement, il n'y a plus actuellement aucun motif de guerre, mais une garantie est nécessaire pour que les promesses soient exécutées. On pourrait l'obtenir par une occupation passagère d'une partie de la Serbie. On agirait de même que nous, en 1871, quand nous avons laissé des troupes en France jusqu'à ce que les milliards français fussent payés.* »

N'est-ce pas monstrueux? Que fallait-il de plus à l'insatiable Autriche que l'occupation presque complète d'un pays innocent qui, de sa modération, se faisait, devant l'histoire, un titre de gloire puisqu'un titre de paix? C'est ce qu'on appelle un conseil de sagesse.

Ainsi l'empereur comprend que la réponse serbe va gêner l'action brutale, que les peuples seront pris d'hésitation, que leur solidarité sera éveillée, car, à ce compte, aucun ne sera en sécurité devant le colosse. Mais le kaiser va-t-il assumer la responsabilité de la modération et se charger, comme d'un fardeau exécrable, du fardeau de la paix? Non. Plutôt le fardeau de la guerre! Cependant, comme, malgré tout, l'histoire veille ainsi que la conscience humaine, comme elle dure plus que le crime et que son profit, comme le plus audacieux meurtrier redoute toujours une lueur dénonciatrice, comme, en un mot, il y aura toujours une responsabilité, même au delà du tombeau, si on pouvait éviter cette responsabilité et en charger la Russie?

Tout de suite, l'empereur Guillaume soumet son idée à M. de Bethmann-Hollweg et ce dernier, à la date du 28 juillet 1914 (*Documents allemands*, 1919, n° 323), adresse la dépêche suivante à l'ambassadeur allemand à Vienne :

« La réponse du gouvernement serbe à l'ultimatum autrichien révèle que la Serbie a donné satisfaction aux exigences autrichiennes dans une mesure tellement étendue, qu'une attitude absolument intransigeante du gouvernement autrichien permettrait de compter que l'opinion de toute l'Europe lui deviendrait de plus en plus hostile... Le gouvernement se trouve donc placé dans une situation extrêmement difficile; il reste exposé, dans l'intervalle, aux propositions de médiation et de conférence des autres gouvernements. S'il continue à rejeter de pareilles propositions, il recueillera l'odieux de la responsabilité d'une guerre européenne, finalement, même aux yeux du peuple allemand. Sur une pareille base on peut engager et mener une guerre avec succès sur trois fronts. IL FAUT ABSOLUMENT QUE, SI LE CONFLIT S'ÉTEND AUX PUISSANCES QUI NE SONT PAS DIRECTEMENT INTÉRESSÉES, CE SOIT LA RUSSIE QUI EN

PORTE LA RESPONSABILITE... L'occupation de la Serbie aurait le même caractère que l'occupation allemande en France après la paix de Francfort pour assurer le payement des indemnités de guerre. Aussitôt que les conditions autrichiennes seraient remplies l'évacuation s'effectuerait. »

On reconnaît là la pensée de l'empereur, déjà dévoilée dans la dépêche précédente. Ainsi, quand tout peut être sauvé, quand il suffit d'un mot, la main rétracte ce que la main écrit, rature, substitue le sang à l'encre et jamais l'Autriche n'a reçu un seul conseil impérieux et définitif en faveur de la paix. Au contraire, dans cette même dépêche (n° 323), redoutant tout de même que l'ambassadeur allemand en Autriche ne pousse le gouvernement autrichien un peu trop vers la modération, M. de Bethmann-Hollweg lui écrit : « *Vous devez éviter soigneusement de créer l'impression que nous désirons retenir l'Autriche.* »

Ainsi, comme la vérité réclame toujours ses droits, la réponse serbe qui a frappé le monde entier par sa modération, fait un moment reculer l'empereur et son chancelier devant les préparatifs de guerre, décidés dans la journée du 5 juillet, comme on s'en souvient. Ils échangent entre eux des pensées modératrices, les retiennent pour eux, les effacent soudainement, en déclarant que, malgré tout, il faut que la Serbie expie avant tout la guerre où elle sera vaincue, comme la France après la guerre de 1870, au lendemain du traité de Francfort. Et, comme il peut arriver que la situation créée par la réponse serbe soit telle, même à Vienne, que l'ambassadeur d'Allemagne soit gagné à cette situation, celui-là même qui, quelques jours avant, fut blâmé de sa modération, on a bien soin de lui dire qu'il fallait qu'il se tût et ne donnât aucun conseil de sagesse.

De pareils actes ne s'expliquent pas seulement dans leur contradiction par la débilité de la volonté devant le mal et la reprise du délire. Il y avait, dans ces consciences, depuis de longues années, sous l'action d'une éducation presque séculaire, par suite de vanité et d'orgueil, par suite du mépris du droit, un tel levain de guerre, que l'idée de tuerie, quand même elle fléchissait un instant sous l'action du bien, reprenait toujours le dessus. Voilà pour l'aspect psychologique.

Il y eut aussi une autre intervention, moins mystérieuse, une intervention militaire devant laquelle l'empereur, le chef, le seigneur de guerre s'est naturellement incliné.

La lettre de l'empereur à de Jagow, par nous citée plus haut, est du 28 juillet. Sans doute ce jour-là ou le lendemain elle a été reçue du destinataire. Mais M. de Jagow a reçu aussi et marqué de son timbre, le 29, un rapport daté du 29, émanant de l'état-major général et déposé d'abord entre les mains du chancelier, qui l'a naturellement transmis.

Ce rapport, assez long, est une provocation à la guerre, un examen des raisons militaires qui doivent la hâter.

Après avoir examiné la situation créée par l'envahissement de la Serbie, et le contre-coup naturel attendu, et même souhaité depuis le 5 juillet par l'Allemagne, le contre-coup de la conscience russe, l'état-major s'explique ainsi : « *Quelles sont et que devront être les conséquences? L'Autriche, si elle envahit la Serbie, se trouverait en présence, non seulement de l'armée serbe, mais de forces russes très supérieures. Elle ne pourra donc pas faire la guerre à la Serbie sans s'assurer contre une intervention russe. Cela veut dire qu'elle sera contrainte à mobiliser aussi l'autre moitié de son armée, car il lui est impossible de se mettre à la merci d'une Russie prête à la guerre. Mais, dès l'instant où l'Autriche mobilise toute son armée, un choc entre elle et la Russie devient inévitable. C'est là pour l'Allemagne le « casus fœderis ».* (D. A. 349.)

En admettant que cette vue militaire fût fondée, il est une chose inexplicable, même pour des militaires désireux de guerre, c'est qu'on ne prît pas en considération à cette date la réponse serbe et qu'on raisonnât le 29 juillet exactement comme si la Serbie avait refusé toute satisfaction. Qu'est-ce qu'on aurait fait de plus si, au lieu de répondre comme elle le fit, la Serbie avait pris les armes? Et comment concilier les paroles de l'empereur et même celles de son chancelier qui déclare que « la réponse serbe enlève toute cause de guerre », avec l'excitation meurtrière que, sous une apparence technique, renferment ces lignes?

On voit, en réalité, ce qui s'est passé. Fatigué de trop attendre, le corps des officiers généraux va entrer en scène. Ce rapport couvre la responsabilité de l'état-major si on aboutit à la paix. Il permettra d'accuser le gouvernement allemand d'avoir trahi l'Allemagne. Il découvre la responsabilité de l'empereur et celle du chancelier. C'est la menace non déguisée qui trouverait sa répercussion, le cas échéant, dans la politique intérieure; c'est l'excitation à la peur, à la peur dynastique pour un emepereur que l'affaire de Saverne a déjà averti du péril qu'il y a, même pour lui, à défendre timidement les prérogatives civiles contre les violences des officiers soulevés. C'est un coup de clairon; on peut être tranquille, il sera entendu.

Voilà ce qui s'est passé à Berlin au reçu de la réponse serbe.

Nous verrons bientôt l'attitude de l'Autriche. Mais, que faisaient pendant ce temps les chanceliers alliés et amis?

S'il est possible de rencontrer dans l'histoire un contraste plus frappant entre le zèle conciliateur et la fièvre guerrière, je demande à l'étudier.

Avant même que la Serbie eût répondu, tandis que je ne détenais pas encore l'ultimatum dans sa substance, du fond du golfe de Bothnie, j'avais fait recommander la modération à l'Autriche par notre ambassadeur et fait effort auprès de sir Edward Grey pour l'établissement d'une procédure de paix : élargissement du délai de quarante-huit heures imposé à la Serbie, enquête internationale à l'issue d'une réunion des quatre nations intéressées à l'ordre (Angleterre, Allemagne, Italie et France).

La France, l'Angleterre, l'Italie et, de plus la Russie intervinrent dans le même sens.

Mais la prolongation du délai fut refusée sans motif aucun (Livre orange n° 12). Le délai expira le 25 et l'Autriche rompit les relations diplomatiques.

Restait la possibilté d'une réunion à quatre, Autriche et Russie exclues. Ce fut sir Edward Grey qui la proposa (Livre bleu, n° 17, 24, etc.). La France, qui avait pris l'initiative heureuse de l'intervention, adhéra tout de suite, l'Italie aussi, la Russie avec empressement.

Ainsi, une réunion se dessinait, où deux représentants de la Triplice et deux délégués de la Triple Entente pouvaient tout concilier, reculer de péril, apaiser les nerfs de l'Europe, et, comme le font les témoins dans un conflit privé, non pas même imposer une sentence, mais proclamer une règle de haute équité. Que pouvait-on répondre à cela ? Rien sur le fond. On essaya d'abord d'un prétexte : « *On ne peut citer l'Autriche devant un tribunal européen.* » (Livre bleu, n° 9.) Ce fut M. de Jagow qui trouva cette piètre réplique à l'ambassadeur britannique. On finit ensuite par refuser tout simplement.

Pourquoi ce refus de l'Autriche ?

Ici s'intercalent deux documents capitaux, qui témoignent du parti pris de la chancellerie allemande et de la chancellerie autrichienne de ne tenir aucun compte des interventions modératrices.

Le 25 juillet (Livre rouge autrichien, n° 32), l'ambassadeur d'Autriche à Berlin télégraphiait à Vienne!

On voit ici dans tout retard apporté au commence-ment des opérations militaires un grand danger tou-chant l'ingérance des puissances. On nous conseille notamment d'agir immédiatement et de placer le monde devant un fait accompli. Je partage absolu-ment cette manière de voir du ministère des affaires étrangères.

Ainsi, le 25 juillet, avant de connaître la réponse serbe, la décision était prise entre M. de Jagow et M. Berchtold. Tout de suite la guerre, tout de suite le fait accompli, tout de suite écarter la paix!

Au moins, quand, le 26, on connaîtra la réponse serbe qui a satisfait le kaiser lui-même, va-t-on accepter les ouvertures de conciliation de la Russie, de l'Angleterre et de la France? Lisez ceci :

Berlin, 27 juillet.

(Télégramme de l'ambassadeur d'Autriche à Vienne.)

Le secrétaire d'Etat m'a déclaré très nettement, sous une forme strictement confidentielle, que pro-chainement des propositions de médiation de l'Angle-terre seraient éventuellement portées par le gouverne-ment allemand à la connaissance de Votre Excel-lence. Le gouvernement allemand assure de la manière la plus formelle qu'il ne s'associera aucune-ment à ces propositions, qu'il se prononcera même catégoriquement contre leur prise en considération et qu'il ne les transmettrait que pour tenir compte de la démarche anglaise.

(Livre rouge autrichien, n° 68.)

Voilà donc les criminels saisis en plein jour. Il ne leur aura servi de rien de falsifier leurs écritures publiques en omettant ces graves dépêches. On comprend l'intérêt qu'ils avaient à les omettre. Mais quand on dit à l'Allemagne que son gouvernement a excité l'Europe, arrêté la paix, interdit toute conversation et qu'elle est responsable de la guerre, si elle est de bonne foi, si seulement elle veut bien lire, que pourra-t-elle répondre?

Et, s'il était nécessaire d'éclairer encore ses intentions devant le monde, voici un fait capital, accompli dans l'ombre, le 26 juillet, le jour même où connaissance était prise de la réponse satisfaisante de la Serbie. Nous anticipons par ce récit, afin de montrer la monstruosité des procédés. On sait que, le 2 août, l'ultimatum fut adressé à la Belgique, qui y a magnifiquement répondu. On croit généralement que, au dernier moment, en adressant cet ultimatum, l'Allemagne a voulu se livrer un passage. Or, cet ordre d'avoir à ouvrir le passage de ses routes qui était adressé à la Belgique le 2 août, a été rédigé le 26 juillet par le général de Moltke, envoyé le 29 à Bruxelles au ministre d'Allemagne qui ne le présentait que le 2 août au gouvernement belge, sur ordre spécial de Berlin (D. A. 376).

Ainsi, l'ultimatum n'était que la suite pratique du plan d'invasion dressé en 1913 et que nous avons publié au début de notre Livre jaune. Ce plan a été contenu dans le rapport que l'état-major allemand avait adressé à l'empereur.

Donc, le 26 juillet, est parti l'ultimatum à la Belgique, à l'heure même où la Serbie, répondant avec modération, de l'aveu de l'empereur d'Allemagne, il n'y avait plus de cause de guerre. La honte éternelle de ces procédés était tellement intolérable à qui devait la subir que M. de Jagow, mêlé décidément à toutes les falsifications de l'histoire, essaya de la cacher en télégraphiant le 30 juillet (D. A. 648) : « Le gouvernement belge doit avoir l'impression que toutes les instructions au sujet de cette affaire ne vous sont parvenues qu'aujourd'hui. »

Ainsi, le même jour, deux crimes : l'exécution de la Serbie commence et celle de la Belgique se prépare. Il n'est pas de document qui témoigne d'une manière plus irréfutable que l'Allemagne est allée délibérément vers la guerre.

CHAPITRE VIII

L'ULTIMATUM A LA RUSSIE

Donc, l'Allemagne et l'Autriche, en vertu d'un accord scélérat, se refusent à la conversation à quatre proposée par sir Edward Grey.

— Soit, répond la Triple Entente. L'Allemagne préfère que l'Autriche parle directement avec la Russie. Sir Edward Grey et nous, nous y consentons, sauf, si cette conversation privée échoue, à la rendre générale (Livre bleu, n° 45).

Bizarrerie inexplicable ou trop explicable! L'Autriche refuse même la discussion avec la Russie! La duplicité des deux gouvernements apparaît : pour ne pas prendre tout de même la responsabilité, elle qui n'est pas liée directement au conflit du refus de conversation, l'Allemagne ne s'y oppose pas, mais l'Autriche continue à la refuser. A qui fera-t-on croire qu'elle se voit enhardie, au point de refuser à l'Allemagne irritée, si celle-ci doit l'être, de suivre son conseil?

Que va-t-il donc se passer? Sous quel régime de silence et de terreur peut donc vivre le monde? Pas de conversation générale, pas de conversation particulière! Alors?

L'Autriche va nous répondre...

Après avoir secrètement mobilisé depuis quelque temps, elle déclare soudainement la guerre à la Serbie, le 28 juillet, à midi.

Le même jour, quelle dérision! le ministre serbe à Rome avait déclaré au ministre des affaires étrangères, M. de San Juliano, « que si quelques explications étaient données, relatives aux modalités selon lesquelles les fonctionnaires autrichiens pourraient intervenir, le gouvernement serbe pourrait encore accepter la totalité de la note autrichienne ». (*Les Origines de la guerre mondiale*, Bazergues, p. 182.) Le marquis de San Juliano transmet la nouvelle à lord Grey, et avec une admirable perspicacité, prévoyant le refus hautain de l'Autriche si on la mettait en rapport avec la Serbie, suggéra que l'Autriche répondrait aux nations et ensuite se retournerait vers la Serbie... A midi, la guerre à la Serbie! Le même jour, la Serbie acceptait tout! Il ne s'agissait plus que de l'interprétation d'un mot! Vraiment, si l'Autriche a cruellement expié, on avouera que le crime valait le châtiment.

La Serbie, foudroyée dès le 23 au soir par un ultimatum qui entrait chez elle comme un boulet de canon, qui avait dû, dès le 26, retirer son gouvernement de Belgrade, sous le feu du Semlin, avait fait, pour accompagner cet acte, des préparatifs de préservation, combien faibles! Elle est envahie, Belgrade est canonnée et bientôt prise.

Tout est-il donc perdu? Tout l'aurait été ce jour-là, devant cet acte de brutalité inexplicable, devant la lâcheté du fort exerçant sa rigueur contre le faible, tout aurait été perdu si le sang-froid n'avait régné aux chancelleries de la Triple-Entente. Sans doute, un bond nous a rapprochés, le bond de l'Autriche, de la conflagration générale. Mais on peut encore discuter, continuer à discuter tant que le canon est trop lointain pour recouvrir de sa voix la voix de la raison. Qu'allons-nous faire? Allons-nous adresser un ultimatum à l'Autriche et la sommer de lâcher sa proie, au nom même de ses déclarations récentes qui nous avertissaient qu'elle ne rêvait aucune conquête? Pas un instant, cette idée ne nous vient. L'Angleterre et la France, la Russie elle-même, en qui cependant est soulevé le sentiment slave, tous les trois nous acceptons l'occupation de la Serbie par l'Autriche. Et la Russie près de laquelle se concentre hypocritement sous prétexte d'ordre intérieur une mobilisation menaçante et que, on l'a vu, plus haut, l'état-major allemand dans son rapport du 29 juillet prévoyait comme nécessaire pour l'Autriche et en face de deux ennemis dont les préparatifs formidables ne lui laissent aucun doute, Elle maintient cependant son calme.

Sir Edward Grey, d'accord avec nous, propose que ce gage soit envisagé comme satisfaisant les exigences de l'Autriche et prépare la voie à un règlement (Livre bleu, n° 76 et suivant). Le roi George télégraphie le 30 juillet au prince Henri de Prusse (*J'accuse*, p. 116). Enfin M. Sazonoff propose à l'ambassadeur allemand à Saint-Pétersbourg, au cours d'une entrevue tragique, de rédiger une note que ce dernier emporte par écrit (*J'accuse*, p. 117).

Ainsi la Serbie est envahie depuis le 28 juillet, Belgrade est bombardée, et, après ces actes de force, nous nous réunissons tous pour consacrer l'occupation autrichienne, demander cependant qu'elle s'arrête, qu'elle soit jugée suffisante et que tous les préparatifs militaires s'arrêtent dans tous les pays.

Que vont devenir les propositions conciliantes de sir Edward Grey et de M. Sazonoff? Ici, ce qui s'est passé regarde M. de Jagow. Il est saisi le 30 juillet par le ministre russe à Berlin et par son propre ambassadeur à Saint-Pétersbourg de la proposition Sazonoff. Il la repousse, disant « *qu'elle était inacceptable pour l'Autriche* » (Livre orange, n° 63). A-t-il consulté l'Autriche? Il a refusé. Il a, ce jour-là, élargi la voie du massacre, appelé la mort sur des millions de foyers, et, comme on le verra, tout à l'heure, son compte n'est pas clos. Nous lirons sa conversation dans quelques heures avec M. Jules Cambon touchant le même objet. Il était, paraît-il, ministre des affaires étrangères!

Cependant rien n'était encore perdu pour nous.

Jusqu'au seuil du champ de bataille, alors que les mitrailleuses seront braquées sur notre frontière au-dessus des lignes de chemin de fer coupées, nous discuterons. Nous reviendrons sur ces discussions à ce chapitre et au chapitre suivant. Mais ici se lève devant l'histoire et devant le monde le fait capital, à mon sens, de la guerre, non seulement parce qu'il l'a déterminée, mais parce qu'il recèle plus qu'aucun autre l'intention d'entrer en guerre, trop tardivement dissimulée par l'Allemagne pour que le regard de la conscience humaine ne l'aperçoive pas.

Déjà, nous avons noté une date grave, celle du 5 juillet, ce jour où l'empereur Guillaume, averti par la lettre autographe de l'empereur d'Autriche de l'élimination de la Serbie, prévoyant les conséquences meurtrières, les énumérant même, appela cependant auprès de lui ses conseillers militaires, leur notifia la nouvelle. Une autre date, celle du 29 juillet, où nous sommes, doit être retenue : de l'élaboration (5 juillet), on a passé à l'action (29 juillet). Dans la nuit du 29 juillet, l'Autriche avait bombardé Belgrade et, comme nous l'avons dit, envahi le territoire. Elle avait dû, bien entendu, pour aboutir à ce résultat, mobiliser quelques jours auparavant et donner le signal dans l'Europe de ses concentrations frémissantes de soldats d'où, si souvent, jaillit la foudre. En même temps, sous des prétextes divers, l'Autriche masse (Livre jaune, nᵒˢ 95, 97, 101) treize corps d'armée. Que pouvait faire la Russie ?

C'est ici qu'il convient de rappeler le rôle et l'effet

d'une mobilisation, non pas envisagée au point de vue absolu, mais relativement au pays qui l'entreprend. Un décret de mobilisation est grave... Mais il demeure fixé au papier s'il n'est pas suivi d'un acte qu'il entraîne toujours et qui est la concentration de troupes. Or, cette concentration dépend, pour son succès, de trois facteurs : l'amplitude du pays que doivent traverser les troupes pour se rendre au lieu fixé; la quotité de ces troupes, plus ou moins faciles à rassembler, selon leur nombre; enfin, l'importance des moyens de transport qui servent au rassemblement.

Dans chaque pays, on le devine, la rapidité n'est pas la même. Deux jours à peine suffisent à l'Allemagne qui, d'ailleurs, en vertu d'une législation inconnue dans les autres pays, ne mobilisait qu'après la proclamation du péril de guerre, si bien que la mobilisation n'était qu'une formalité. Deux ou trois jours en Autriche, aussi en France, probablement moins de temps en Suisse (je parle par hypothèse pour opposer un pays plus concentré à d'autres) et, en tout cas, *seize jours en Russie.*

On comprend à merveille que dans ces conditions, la Serbie en guerre et envahie, l'armée autrichienne partiellement concentrée sur sa frontière, la Russie n'ait pu hésiter, pour parer au danger que multipliait la longueur connue de ses efforts, à répondre à la mobilisation partielle autrichienne par une mobilisation partielle.

En même temps, M. Sazonoff fait annoncer par l'ambassadeur de Russie à Vienne « que ces précautions n'étaient à aucun degré dirigées contre l'Allemagne et ne présageaient pas non plus des mesures agressives contre l'Autriche ». Que pouvait de plus réclamer l'Autriche agressive et que pouvait-elle dire après qu'elle eût pris cette initiative?

Elle ne dit rien, mais ce qui est extraordinaire — ou très compréhensible — ce fut l'attitude de l'Allemagne. Elle avait annoncé le 27 juillet par la bouche de M. de Jagow à l'ambassadeur britannique « *que si la Russie ne mobilisait que dans le sud, l'Allemagne ne mobiliserait pas* ». (Livre jaune, n° 67). C'était très normal, car que pouvait dire l'Allemagne contre une mobilisation partielle qui ne l'atteignait pas? Mais, quand cette mobilisation se produisit, M. de Jagow joua l'indignation. M. Jules Cambon lui fit remarquer, en termes diplomatiques, qu'il n'était pas conséquent avec lui-même. Mais M. de Jagow s'excusa d'avoir révélé un engagement qui avait été connu en Russie et qui avait pu donner quelque quiétude au gouvernement russe, et il excipa de l'insistance actuelle de l'état-major allemand. (Livre jaune, n° 109).

On voit comme tout était imaginé et qu'un ministre qui veut trahir sa parole n'a qu'à se cacher derrière un état-major incontrôlable, même dans son propre pays, et qu'il est toujours facile de dresser comme un paravent commode au mensonge. On va voir, d'ailleurs, que l'insistance de l'état-major était nulle ou, en tout cas, qu'elle céda.

Ainsi, tandis que l'Autriche ne protestait pas contre la mobilisation, l'Allemagne se dressait menaçante, l'épée au poing. M. de Pourtalès, son ambassadeur, faisait savoir à M. Sazonoff « que si la Russie ne cessait pas ses préparatifs militaires, l'armée allemande serait mobilisée ».

M. Sazonoff sent venir la catastrophe. Le coup préparé depuis le 5 juillet et expliqué par l'empereur à son ministre. (Voir au chapitre précédent : « Il faut faire retomber toute la responsabilité sur la Russie ») va être frappé. En admettant que la Russie cède, il en résulterait donc que l'Autriche pourrait envahir la Russie comme elle avait envahi la Serbie, car il est à remarquer que, bien entendu, l'Allemagne ne faisait aucune notification à l'Autriche touchant sa propre mobilisation.

Dans ce moment terrible, M. Sazonoff se retourne vers moi avec une indicible émotion. Il me fait dire, dans la nuit du 29 au 30 juillet, à deux heures, par une dépêche que me communique M. de Margerie à mon domicile, « qu'il est en présence d'une guerre imminente et si la Russie peut compter sur le secours allié de la France, et si l'Angleterre peut se joindre, sans perdre de temps, à la Russie et à la France ».

A deux heures du matin, je fis la réponse suivante :

« La France est résolue à remplir toutes les obligations de l'alliance; elle ne négligera, d'ailleurs, aucun effort en vue de la solution du conflit dans l'intérêt de la paix générale. La conversation engagée entre les puissances moins directement intéressées per-

met d'espérer encore que la paix puisse être préservée. J'estime donc qu'il serait opportun que, dans les mesures de précaution et de défense auxquelles la Russie croit devoir procéder, elle ne prît immédiatement aucune disposition qui offrît à l'Allemagne un prétexte pour une mobilisation totale ou partielle de ses forces... »

Quelle autre réponse devait faire la fierté française ? Contre deux nations, la Russie, malgré ses concessions, était seule exposée à tous les coups. C'était le plan ourdi que j'ai dénoncé plus haut : avoir la guerre, ou voir se disloquer l'alliance entre une Russie abandonnée et une France infidèle à sa signature, et, le lendemain, victime isolée elle-même de la fureur allemande sans contrepoids.

J'attendis, les yeux sur l'horizon sombre. Mais une surprise m'était réservée. Cette surprise m'était apportée par une dépêche de l'ambassadeur de France à Saint-Pétersbourg me notifiant que, dans des termes beaucoup moins catégoriques, l'ambassadeur allemand avait renouvelé ses instances auprès de M. Sazonoff. Il maintenait si peu l'ultimatum apporté quelques heures auparavant d'un ton brutal qu'il discutait cette fois d'un ton plus radouci et qu'il quittait M. Sazonoff après une cordiale discussion. En partant, il emportait, après l'avoir prise sous la dictée, la proposition de discussion à quatre de M. Sazonoff, celle dont j'ai parlé plus haut, qui fut adressée par lui à M. de Jagow, et que M. de Jagow trouva inacceptable quelque temps après.

Dans la dépêche que M. Paléologue m'adressa pour me répondre (Livre jaune), il ajouta que, dans la nuit, l'empereur avait donné l'ordre de restreindre la mobilisation. Sur le témoignage de Soukhomlinoff, ministre de la guerre russe, les Allemands ont bâti toute une thèse. Ils prétendent que les généraux n'obéirent pas et que l'ordre de l'empereur fut transgressé. Or, même si la thèse était exacte, il n'empêcherait que l'attitude du tsar mériterait l'hommage car, innocent d'une désobéissance qui aurait été un manquement à la discipline, son intention pacifique serait intacte. Mais un document tout récent permet de démentir cet ancien mensonge.

Le général Dobrorolsky était chef de la mobilisation russe en 1914, et il vient de s'expliquer avec une netteté parfaite et une compétence que nul ne pourra contester. Cette rectification capitale pour l'histoire, car elle témoigne du désir de paix de la Russie, a été relatée au récent et remarquable ouvrage de MM. Renouvin et Appuch, où les allégations du tableau synoptique, regardées à la loupe, ne résistent plus pour le lecteur :

« *Le soir venu, toutes les conditions exigées par la loi étant remplies, Dobrorolsky se rend au bureau télégraphique principal pour expédier dans toutes les parties de l'immense empire l'ordre de mobilisation. C'est à ce moment, à 9 h. 30 (heure de Saint-Péters-*

bourg), que lui parvient, par une communication télé-
phonique du général Janouchkevitch, l'ordre de surseoir. L'empereur Nicolas, au reçu d'un télégramme
de Guillaume, renonçait provisoirement à la mobilisation générale et ne consentait qu'à la mobilisation partielle. On le voit, le témoignage de Dobrorolsky s'accorde avec celui de Janouchkevitch, tel qu'il est
rapporté par les Birjevia Viedomosti.

« L'ordre de surseoir à la mobilisation générale a
d'ailleurs été exécuté sur-le-champ. Il n'est pas vrai
du tout, d'après Dobrorolsky, que l'on ait menti à
l'empereur et qu'en secret l'on ait commencé à procéder à la mobilisation générale. L'idée même de
cette désobéissance ne pouvait venir à l'esprit de personne en 1914; c'est seulement en 1917, après la
chute du régime impérial, que pareille idée a pu naître.
Comment, d'ailleurs, le secret aurait-il pu être gardé?
On ne mobilise pas secrètement des millions d'hommes. Ainsi, Dobrorolsky déclare mensonger le récit
fait par Soukhomlinoff lors de son procès et que
reproduit le journal, probablement apocryphe, paru
sous son nom. Dans la nuit du 29 au 30, ce fut donc
un ordre de mobilisation partielle, mesure, non de
guerre contre l'Allemagne, mais d'intimidation contre
l'Autriche, qui fut expédié. »

Ainsi, il ne peut rester le moindre doute sur ce
fait historique, que les Allemands passeront sous
silence.

Que s'était-il donc produit à Berlin pour que, en

quelques heures, le théâtre changeât? Voici : l'événement, pour la compréhension de la guerre, pour la contribution de l'histoire due à l'histoire, est vraiment capital.

Le soir du jour — 29 juillet — où M. de Pourtalès avait remis, vers les quatre heures, l'ultimatum à la Russie, ce soir-là, il y avait eu réunion du conseil à Potsdam. S'y trouvaient le kronprinz, le chancelier M. de Jagow, M. de Moltke, chef d'état-major, le ministre de la guerre, l'amiral Tirpitz, les amiraux Pohl et Muller.

Qu'est-ce donc qu'allait faire ce conseil? De quoi allait-il parler? Sa composition décèle l'objet du débat. La diplomatie qui a fini son rôle vient rendre humblement ses comptes à l'armée qui va agir. Aucun soldat, aucun marin n'aurait pénétré dans ce conseil, où se trouvent en outre des chefs, des collaborateurs plus effacés, s'il se fût agi de questions purement politiques. C'est là, en ce soir terrible, que la guerre fut décidée.

Mais soudain, M. de Bethmann-Hollweg, le conseil à peine terminé, part précipitamment et, au milieu de la nuit, convoque l'ambassadeur britannique. (Correspondance du gouvernement britannique avec son ambassadeur, n° 85.) C'est alors qu'est faite la tentative de dissociation des forces de l'Entente. Avant d'ouvrir la guerre, il faut savoir plus nettement ce que veut l'Angleterre. Le gouvernement britannique ne s'est pas prononcé nettement. Il n'a voulu s'engager vis-à-vis de personne. Il a qualifié comme il convenaît l'ultimatum à la Serbie, réclamé la réunion des quatre puissances intéressées, mais il a été jusqu'ici un spectateur impassible. Si l'Angleterre restait neutre, tout serait possible... Entre M. de Bethmann-Hollweg et l'ambassadeur, la conversation s'engage. On peut la résumer ainsi : aucune acquisition territoriale aux dépens de la France, s'il y avait une guerre, ne serait faite par l'Allemagne. Mais les colonies ? Aucune assurance ne peut être donnée. Les opérations de guerre à mener en Belgique n'empêcheront pas la restauration de l'intégrité belge après la victoire (Livre bleu, n° 85). Moyennant cela, est-ce que l'Angleterre ne garderait pas la neutralité au cas de conflit ? C'est ce que l'ambassadeur britannique a appelé, avec le mépris du diplomate pour le courtier, une forte enchère. Mais, en même temps, il faisait savoir que l'Angleterre garderait les mains libres et il ne promettait pas que son pays demeurerait à l'écart.

Du coup, tout fut modifié. Si l'Angleterre se réserve, si elle n'aliène pas sa liberté, s'il n'a pas suffi de la tenter pour la mener au marchandage, que pensera-t-elle, que pensera le monde de l'ultimatum à la Russie ? La Russie entraînée à la guerre contre deux nations qui l'attaquent, c'est la France qui est entraînée à son tour. Comment expliquer cela ? L'Allemagne n'est pas en face d'une mobilisation qui menace sa propre frontière. L'Autriche n'a rien dit. Comment la paix du monde peut-elle être troublée dans ces conditions ? Passe encore si l'Angleterre assistait au conflit impassible, mais on ne peut pas l'acheter ! La vieille conception de l'honneur n'est pas morte, ni la haine séculaire du noble pays contre toute hégémonie menaçante, ni la sollicitude naturelle pour ses propres intérêts.

Alors, M. de Pourtalès se rend chez M. Sazonoff après en avoir reçu l'ordre de son chef. On ne demande plus brutalement à la Russie de disperser ses hommes devant l'Autriche, on lui demande à quelles conditions elle suspendra ses préparatifs...

Le coup est donc manqué, au moins ce jour-là. Mais qui dira que ce n'était pas la guerre, la guerre décidée? A quoi bon ce conseil improvisé le soir, après la remise d'un ultimatum outrageant, si ce n'est pas la guerre? Pourquoi cette conversation suprême avec le représentant de l'Angleterre, ces conditions exprimées, cette éventualité de la guerre prévue, et pourquoi partager déjà une dépouille à la table de la victoire, si la guerre n'était pas décidée?

Décidée? Elle était prête. Le lendemain, 30 juillet, en effet, devait en apporter une preuve éclatante au monde.

Le 30 juillet, à midi, le *Lokal-Anzeiger*, journal officieux, en relations intimes avec le gouvernement allemand et à sa disposition, organe de la maison Krupp, ami de M. de Jagow, publiait l'ordre officiel de la mobilisation de l'armée allemande tout entière. Ce journal ne fut d'ailleurs pas le seul qui publia la nouvelle fausse en ce jour, vraie la veille. On pense qu'il la tenait du gouvernement allemand, et cela est si vrai que ce journal a pu être vendu tout l'après-midi, offert auprès des ambassades, jeté en pâture à toute la population, et il ne fut saisi que beaucoup plus tard par M. de Jagow, le mal étant fait. Il est vrai que le ministre appela M. Jules Cambon pour protester auprès de lui contre cette publication.

Mais qui avait donné à ce journal le moyen d'accomplir cette mauvaise action ? Qui lui en avait fourni les moyens ? La veille, le 29 juillet, nous venons de voir que la guerre était décidée et n'avait échoué pour trois jours que connaissance prise par le chancelier de l'état d'esprit, pour lui inattendu, de l'Angleterre. On avait préparé l'ordre de mobilisation, à moins qu'il ne fût préparé depuis longtemps.

En tout cas, sur le vu de cette nouvelle, l'ambassadeur de Russie à Berlin télégraphia à son gouvernement.

N'oublions rien, cependant. Le tsar, sous le coup de l'ultimatum, avait télégraphié le 29 juillet à l'empereur Guillaume : « Il vaudrait mieux confier le problème austro-serbe à la conférence de La Haye. J'ai confiance en ta sagesse et en ton amitié. » A ce télégramme, pas de réponse! Pas même l'honneur d'une mention au Livre blanc de 1914! Cette proposition suprême de médiation ne fut, en effet, connue qu'au cours de la guerre, livrée par le journal officiel.

Je la cite, comme le télégramme funeste de l'empereur d'Allemagne, à sa date, mais la question capitale, en ce qui les concerne, est non seulement dans leur envoi, mais dans leur conséquence à l'arrivée, tant à Saint-Pétersbourg qu'à Vienne. On verra au chapitre suivant qu'ils ont exercé des ravages et contribué à la guerre. Ce jour-là, deux propositions de conciliation sont faites : celle de lord Grey, appuyée par le roi George, auprès de l'empereur Guillaume; celle de M. Sazonoff, identique, appuyée par l'Entente. Ni l'une ni l'autre n'ont été acceptées. M. de Jagow refuse de les transmettre, en vertu de l'accord scélérat du 25 juillet. Et cela se passait entre le 29 et le 31 juillet! En ces heures terribles où la minute contient la vie des peuples, l'Autriche ne répond rien. L'Allemagne se tait et refuse son concours. Les soldats marchent, la guerre arrive. Et cependant c'est la mobilisation autrichienne qui a entraîné la mobilisation russe! Et la Serbie est envahie! Rien, cependant, ne nous abat ni ne nous arrête.

CHAPITRE IX

L'APPEL AUX ARMES

Qui a, le premier, par une opération prolongée et intensive, troublé l'esprit de paix et mis les armes aux mains des hommes? C'est maintenant la question. Car la réponse importe à l'histoire.

Nous allons prouver, en invoquant tous les témoignages et les plus récents qui s'offrent à la lumière, que le poids des mobilisations générales retombe sur l'Autriche, aussi sur l'Allemagne. Mais, avant d'aborder ce débat, nous rappelons, sauf à y revenir, que les préparatifs de ces deux pays sont antérieurs, même s'ils n'ont pas pris le nom légal de la mobilisation.

C'est l'état-major allemand qui, pour emporter la vacillante volonté du gouvernement civil, a tout combiné. Au surplus, ce que nous savons de l'intention belliqueuse de l'empereur, telle qu'elle apparaît le 5 juillet et le 21 juillet 1914 (voir précédents chapitres), suffirait à élever contre l'attitude de l'Allemagne et de ses chefs une incommensurable responsabilité. Qui a voulu la guerre? Qui l'a savamment et silencieusement préparée? Qui a refusé tout accès à la persuasion, étouffé le débat sous les menaces, aggravé à chaque heure, surtout dans les derniers jours, la situation? C'est la question principale qui se pose au tribunal de l'histoire. Nous avons commencé à l'étudier. Nous continuerons notre œuvre. Cependant, jugeons en même temps l'autre affaire.

On se rappelle que, pour répondre à la mobilisation partielle autrichienne du 29 juillet, la Russie tributaire par sa mobilisation des lenteurs que nous avons exposées plus haut, mobilisa le 29 juillet en garantissant l'Autriche de son désir de la paix. On se rappelle la violente menace que l'Allemagne adressa à la Russie. On se rappelle qu'elle lui demanda, sans rien demander de pareil au gouvernement de l'Autriche, de démobiliser, alors que les frontières allemandes n'étaient pas menacées. On se rappelle le conseil nocturne de Potsdam (29 juillet), où la guerre fut si bien décidée (l'état-major était présent et réclamait sa liberté) que quelques instants après, la même nuit, à Berlin, M. de Bethmann-Hollweg le déclarait à l'ambassadeur britannique, sollicitait la neutralité anglaise qui lui fut refusée. On se rappelle que, soudain, épouvanté, le chancelier fit retirer, dans cette même nuit, la menace (du 29 au 30 juillet) et que M. Sazonoff dicta à M. de Pourtalès, ambassadeur d'Allemagne en Russie, la formule renouvelée de l'accord à quatre. On se rappelle, enfin, que M. de Jagow refusa de transmettre, le 30 juillet, ces propositions à l'Autriche.

Nous voici donc dans la journée du 30 juillet.

Que se passe-t-il soudain ? Dès la première heure du matin, à l'aube du 31 juillet, l'Autriche décrète sa mobilisation. Celle-ci, on s'en souvient, envisagée depuis quelque temps par un pays qui, le 25 juillet, sortait à peine des manœuvres générales, avait été arrêtée le soir du 30 juillet, sur ordre de Berlin, comme nous allons le voir.

La mobilisation générale russe a été décrétée dans la fin de la matinée (M. Paléologue m'a télégraphié à 10 h. 45 du matin, M. de Pourtalès a télégraphié à 10 h. 20). Elle avait été envisagée dans l'après-midi du 30 et arrêtée le soir du 30 juillet.

Seulement, comme il ne s'agit pas ici d'une comptabilité où la consultation de l'horaire suffit, il faut rechercher, ce qui pour l'histoire a un intérêt évident, la raison pour laquelle le tsar qui, la veille, a sollicité de l'empereur Guillaume la paix, qui l'a assuré de son affection, qui a réclamé la sentence du tribunal de La Haye, qui a même donné l'ordre d'annuler la mobilisation partielle, qui a encouragé tous les efforts de M. Sazonoff et les nôtres pour le maintien de la paix, il faut, dis-je, rechercher comment le tsar a été amené à prendre les garanties suprêmes exigées pour la sécurité de son pays.

Ici, deux documents capitaux jouent un rôle qu'il faut préciser pour l'étonnement de l'histoire et pour la responsabilité morale du kaiser, de son gouvernement et surtout de son état-major.

Nous avons relaté, aux précédents chapitres, la scandaleuse publication, par le *Lokal-Anzeiger*, feuille officieuse dévouée à M. de Jagow et à l'état-major, de l'ordre de mobilisation le 30 juillet, à 1 heure de l'après-midi, et la mollesse avec laquelle le secrétaire d'Etat aux affaires étrangères a fait saisir la feuille trop tard, la vente presque épuisée. On a bien compris, j'imagine, que cette publication avait soulevé une émotion légitime à Berlin. Comment n'aurait-elle pas produit une émotion plus vive à Saint-Pétersbourg? Or, c'est sur cette émotion et sur ses conséquences que l'on comptait à Berlin, que comptait l'état-major allemand, surtout après son échec du 29 juillet dans la nuit.

L'ambassadeur de Russie à Berlin a dû naturellement télégraphier la nouvelle à l'empereur de Russie dès qu'il l'a connue. L'ambassadeur a été avisé de la nouvelle par un journaliste russe, M. Markow, qui, dans la rue, lisant le *Lokal-Anzeiger*, a téléphoné à l'ambassade et a télégraphié à son agence de Saint-Pétersbourg. Donc, à l'apparition même du journal, c'est-à-dire un peu après 1 heure de l'après-midi, la nouvelle a été sans doute transmise à Saint-Pétersbourg, à titre officiel et à titre officieux. On pense bien qu'elle n'était pas faite pour apaiser les esprits. Elle était faite, au contraire, pour les exciter.

Voici donc la situation bien établie : le 30 juillet, à 1 heure de l'après-midi, le *Lokal-Anzeiger* annonce la mobilisation allemande; à 1 heure, l'ambassade de Russie et un journaliste russe télégraphient la nouvelle; à 2 heures ou 3 heures, leurs dépêches parviennent à Saint-Pétersbourg. Or, à quelle heure la mobilisation russe a-t-elle été envisagée ? Le 30 juillet, dans l'après-midi, et décrétée le 31 dans la matinée. Sans doute, ce même 30 juillet, ou plutôt dans la nuit du 30 au 31, deux nouveaux télégrammes de l'ambassade de Russie à Berlin ont dû arriver à Saint-Pétersbourg, démentant la nouvelle de l'après-midi. Mais il sera trop tard. L'ordre venait d'être donné aux chefs et allait partir vers les troupes. On verra tout à l'heure à qui est dû ce retard et la criminelle intervention de l'administration télégraphique de Berlin, aux ordres du pouvoir. (Voir page 157.)

Il reste à fixer pour l'histoire comment le *Lokal-Anzeiger* a pu jeter dans le public, le 30 juillet, la nouvelle de la mobilisation allemande? Qui la lui a transmise? Ce ne peut être que le gouvernement ou l'état-major allemand, furieux de n'avoir pas obtenu l'exécution immédiate de l'ordre donné en principe et qui va chercher en Russie une exaltation propice à ses désirs monstrueux. Je défie qu'on découvre une autre origine à cette nouvelle. M. de Jagow, qui a senti le fardeau de cette honte, a dit que les journaux préparaient d'éventuelles éditions et que celle-là a été publiée ce jour-là. M. de Jagow croit donc la niaiserie humaine illimitée? D'abord, d'autres journaux de Berlin ont publié la même nouvelle. Ils se seraient donc entendus. Et puis, comme par hasard, c'est le 30 juillet, au lendemain du conseil où la guerre fut arrêtée, de l'aveu même de M. de Zimmermann, que le coup a été fait dans le journal. Ce rapprochement est à la fois singulier et sinistre. Que les coupables se taisent et nous épargnent donc la médiocrité de leurs répliques !

D'ailleurs, veut-on savoir ce que M. Bethmann-Hollweg pensait de l'influence pernicieuse et fatale que cette dépêche, annonçant la nouvelle de la mobilisation allemande, pouvait avoir eue en Russie ? Il le dit (Documents allemands, 488) dans une dépêche à Londres, le 31 juillet : « *Je ne considère pas comme impossible que la mobilisation russe doive être attribuée à ce que des bruits qui courent ici, bruits absolument faux et immédiatement démentis officiellement, sur une mobilisation qui aurait eu lieu ici, ont été signalés comme un fait réel à Pétersbourg.* » Le bon apôtre ! La nouvelle est fausse ? Qui l'a donnée au journal ? Pourquoi si tardive, la saisie du journal ? Pourquoi la confiscation des démentis et leur circuit prolongé ? Bien entendu, le Livre blanc de 1914 ne publie pas cette dépêche de M. Bethmann-Hollweg à Londres.

En 1916, pour essayer de parer le coup droit que lord Grey venait de lui porter à ce sujet, M. de Bethmann-Hollweg a été obligé de reprendre la question. Il a, alors, tenté de diminuer la portée de son aveu. Il a dit que des démentis étaient partis de l'ambassade russe pour Pétersbourg. La vérité, c'est qu'ils ont été

apportés, en effet, au bureau télégraphique central de
Berlin; seulement, le chancelier, qui le savait cependant, a caché que ces démentis ont été dirigés, non
pas directement sur Pétersbourg, mais sur Varsovie,
c'est-à-dire détournés de leur route, et qu'ils n'ont dû
probablement arriver que dans la fin de la nuit du 30
au 31. Ainsi, le tsar a pu connaître l'ensemble des
bruits alarmants, soit officiellement par la dépêche de
son ambassadeur, soit officieusement par les communications, et il n'a pas pu revenir de cette funeste impression, puisque les démentis ne lui sont pas parvenus. Or, c'était le même homme qui, la veille, avait
restreint la mobilisation russe. Qui prouve que, tranquillisé, il n'aurait pas donné d'autres ordres ?

Dans cette médiocre et plate explication de 1916,
M. de Bethmann-Hollweg a donc celé la vérité.
Il ne s'est surtout pas expliqué, car cela était gênant,
sur un fait dont il était responsable et sur lequel il
était impossible qu'en 1914 il n'ait pas enquêté. Je
veux parler de l'origine de la publicité. Il était tout
de même chancelier, et, s'il a fait une enquête, il s'est
trouvé sans doute devant l'état-major, auteur responsable de la nouvelle, et il a reculé comme il recula
dans la nuit du 30 au 31, rendant par sa faiblesse la
guerre certaine.

Achevons de fixer la question par des témoignages : Le général Soukhomlinoff, ministre de la guerre
russe, s'est expliqué, au cours de son procès, sur la
publication du *Lokal-Anzeiger* : « Sous l'influence
de cette information, a-t-il déclaré, l'empereur fut

amené à abandonner son point de vue de ne pas ordonner la mobilisation. » Voici donc qui est bien clair pour la honte de la diplomatie allemande et de l'état-major allemand.

Kerensky, en 1917, dressait le procès-verbal suivant pour la mobilisation russe du 30 juillet : « Le gouvernement établit, à la suite du procès Soukhomlinoff, que, le 30 juillet, la mobilisation russe était devenue indispensable pour des causes impérieuses de défense nationale. Or, parmi ces motifs, on comptait « des préparatifs militaires allemands sur terre et sur mer (*Indiscrétion du Lokal-Anzeiger*) » (Gritling, auteur de « J'accuse », *Revue de Paris*, 22 février 1922).

Ainsi, il n'y a pas de doute : l'état-major s'est vu arracher la guerre, dans la nuit du 29, à l'issue du conseil de Potsdam (M. Delbruck ne l'a-t-il pas reconnu, lui qui a imputé au général de Moltke, ce soir-là, l'intervention décisive en faveur d'un ultimatum et de la guerre?) (Gritling, *Revue de Paris*, 22 février 1922). Il a repris ses avantages par un coup de force, en jetant dans le monde cette bombe explosive que fit éclater le *Lokal-Anzeiger*. On a vu l'effet produit à Saint-Pétersbourg. On verra, par une dépêche de M. Dumaine, notre ambassadeur à Vienne, l'effet produit dans la capitale autrichienne. Et surtout, qu'on suive à la piste son action meurtrière dans la journée du 30. Nous la résumerons tout à l'heure dans ce chapitre.

L'empereur, de son côté, agissait. De sa main sortait, le même jour, dirigé contre la Russie, un document redoutable. Le 29 juillet, le tsar avait adressé à l'empereur d'Allemagne une dépêche où il lui disait : « Il serait juste de soumettre le problème austro-serbe à la *Conférence de la Haye*. J'ai confiance dans ta sagesse et ton amitié. Ton affectionné : Nicky. » Sur cette dépêche, tout ce que l'empereur d'Allemagne ait trouvé à écrire, ce sont les mots : « Merci également. » (Document allemand n° 366.) Ainsi, l'empereur d'Allemagne ne répondait même pas à cette dépêche capitale, qui témoigne de l'esprit de paix qui animait le tsar. Bien entendu, le Livre blanc la supprime devant le monde.

Le lendemain, 30 juillet, sans faire allusion à cette dépêche, l'empereur Guillaume adressait au tsar la dépêche suivante :

« Mon ambassadeur a été chargé d'appeler l'attention de ton gouvernement sur les dangers et les graves conséquences d'une mobilisation; c'est ce que je t'avais dit dans mon dernier télégramme.

« L'Autriche-Hongrie n'a mobilisé que contre la Serbie et seulement une partie de son armée. Si la Russie, comme c'est le cas d'après ton télégramme et la communication de ton gouvernement, mobilise contre l'Autriche-Hongrie, la mission de médiation que tu m'as amicalement confiée et que j'ai acceptée sur ton instante prière, sera compromise, sinon rendue impossible.

« Tout le poids de la décision à prendre pèse ac-

tuellement sur les épaules qui auront à supporter la responsabilité de la guerre ou de la paix. » (Livre jaune, 210.)

Ce télégramme, quoiqu'il fût une réponse à un télégramme antérieur du tsar, gardait le silence sur une proposition capitale de Nicolas II de convoquer la cour d'arbitrage de la Haye. Ce télégramme était menaçant. Sur la tête du tsar, pour avoir garanti, par une mobilisation encore restreinte, la sécurité de son pays retomberait la responsabilité de la guerre !...

Que pouvait espérer l'empereur de Russie à cette heure suprême, après une pareille dépêche ? Mais, question importante, plus qu'importante même, à quelle heure l'a-t-il reçue et, par conséquent, à quelle heure est-elle partie ?

On va serrer de près l'intérêt qu'il y a à poser et à résoudre le problème.

Dans le premier Livre blanc, la dépêche est datée du 30 juillet, 1 heure du matin, ce qui la ferait arriver par conséquent dans la même nuit et, ce qui n'a d'ailleurs aucune importance avec les faits qui se sont passés le même jour à Saint-Pétersbourg au début de la soirée. Or, les Allemands ont dit que l'heure était fausse. Tout est falsifié dans ce pays de mensonge. Le deuxième Livre blanc porte que le départ de cette dépêche a eu lieu le 30 juillet, à 3 h. 20 de l'après-midi. S'agissant d'un message impérial, le télégramme est arrivé à 4 h. 20 ou 4 h. 30 de la même heure. Or, à ce moment, l'empereur de Russie et M. Sazonoff étaient réunis et discutaient ensemble. M. Sazonoff a lu et relu devant l'empereur cette dépêche. Il l'a longuement tenue dans ses mains. C'est dans l'après-midi, c'est sous le coup d'une pareille dépêche, s'ajoutant aux bruits qui circulaient touchant la mobilisation allemande à Berlin, déjà répandue dans Saint-Pétersbourg, c'est à ce moment-là que le clair danger est apparu aux yeux du gouvernement russe.

M. Sazonoff a noté l'impression terrible causée sur le tsar par la dépêche du kaiser. Et c'est à cette heure fatale où le tsar, enveloppé, ainsi que ses conseillers, des bruits officieux et des avertissements officiels touchant la mobilisation allemande, et en même temps frappé directement par la menace de guerre que contenait la dépêche de l'empereur Guillaume, a annulé la décision qu'il avait prise la veille de ne pas mobiliser. La mobilisation générale russe a donc été entraînée par les louches manœuvres de l'état-major allemand, par la dépêche irritée et menaçante de Guillaume, en un mot, par un ensemble d'intrigues de toute sorte.

Qu'on pense à ce qui se serait produit si une autre dépêche, plus conciliante, moins menaçante, était arrivée! Je pose le problème dans toute son acuité : le tsar, enveloppé de tant d'ombres sinistres, assailli de tant de bruits, a envisagé la mobilisation générale comme la suprême garantie de la nation. Il en a conféré avec les chefs de l'armée. La nuit est venue. Une dépêche moins agressive, ne portant pas ı elle ce qu'elle porte, l'ultimatum, la menace, la guerre, intervient. C'est une issue, si étroite qu'elle soit. Le tsar souverain qui, la veille, vingt-quatre heures avant, a restreint, dans l'intérêt de la paix, la mobilisation, sera-t-il donc incapable de le faire encore, alors que, dans la journée, M. de Pourtalès et M. Sazonoff ont convenu d'une formule conciliatrice et que, lui-même, fidèle à son initiative ancienne et à la paix, la veille a sollicité presque humblement de la brutalité aveugle et sourde de Guillaume l'arbitrage de La Haye? Par tout cela, par le reste, par cette intervention, pareille au coup frappé, la nuit, dans le dos du passant, par le meurtrier qui passe, l'empereur d'Allemagne a plus contribué que quiconque à la guerre. On se demande pourquoi cet individu est encore en liberté.

Cependant, ce jour-là amène deux propositions de conciliation : celle de lord Grey, appuyée par le roi George, auprès de l'empereur Guillaume; celle de M. Sazonoff, identique, appuyée par l'Entente. Ni l'une ni l'autre n'ont été acceptées. M. de Jagow refuse de les transmettre, en vertu de l'accord scélérat du 25 juillet. Et cela se passait entre le 29 et le 31 juillet! En ces heures terribles où la minute contient la vie des peuples, l'Autriche ne répond rien. L'Allemagne se tait et refuse son concours. Les soldats marchent, la guerre arrive. Et cependant c'est la mobilisation autrichienne qui a entraîné la mobilisation russe! Et la Serbie est envahie! Rien ne nous abat ni ne nous arrête. Tout l'héroïsme tranquille de la patience et toute la force de la volonté ont dirigé mes actes et inspiré mes paroles.

Le 30 juillet, cependant, voit surgir un espoir. Devant l'attitude de l'Angleterre que lui révèle à nouveau son ambassadeur à Londres, apprenant que lord Grey ne veut pas aliéner sa liberté, mais qu'il ne restera pas cependant à l'écart si la France, mise en cause par son traité d'alliance, est impliquée, cédant devant une situation nouvelle, M. de Bethmann va agir enfin, ou du moins tenter d'agir !

Coupable d'avoir dédaigné jusqu'ici les clairs avis de son ambassadeur, d'avoir cru au contraire aux rapports médiocres et intéressés de son délégué, chargé à Londres de surveiller son chef, coupable d'avoir cru aux récits du prince Henri de Prusse qui lui donnait comme certaine la neutralité anglaise, voyant enfin, et trop tard, où il va, M. de Bethmann télégraphie à Vienne :

« 30 juillet 1914 (parvenue à Vienne le 31 juillet, à 3 heures du matin). — *Si l'Angleterre réussit dans ses efforts (de conciliation) alors que Vienne refuse, Vienne prouve qu'elle veut absolument la guerre, dans laquelle nous sommes entraînés, alors que la Russie reste indemne de toute faute. Il en résulte pour nous, vis-à-vis de notre propre nation, une situation absolument intenable. Nous ne pouvons, par conséquent, qu'insister énergiquement pour que l'Autriche accepte la proposition de Grey, qui maintient sa proposition dans tous ses rapports.* » (D. A. n° 441.)

Tout d'un coup, en effet, il envoie également, le 30 juillet 1914 (Documents allemands, n° 450), une dépêche par laquelle il rétracte le télégramme qu'il vient d'envoyer. L'homme recule! Il a peur de la paix. Et il envoie ce dernier télégramme par lequel 'l révoque le précédent.

Ainsi, le chancelier, dans la même journée, a adressé à son ambassadeur à Vienne un télégramme conciliant et l'a ensuite révoqué. Ce télégramme capital (n° 441) est parti de Berlin à 9 heures du soir et est arrivé à Vienne le 31 juillet, à 3 heures du matin. C'est la dépêche portant le conseil de négocier. Quant au second télégramme (n° 450), supprimant le conseil de modération qui vient de partir, il a été expédié de Berlin le 30 juillet, à 11 h. 20 du soir. Ainsi, en cette nuit du 30 au 31 juillet, toute la responsabilité retombe sur M. de Bethmann-Hollweg.

Si, le 30, il a cru devoir donner un conseil de modération, pourquoi ne l'a-t il pas donné plus tôt, arrêtant la nervosité générale, empêchant les choses d'empirer? Et, surtout, l'ayant tardivement donné, pourquoi le rétracter le même soir, entre 9 heures et 11 h. 20?

La vérité est que M. de Bethmann-Hollweg n'a envoyé sa première dépêche que pour se couvrir, que pour se donner l'apparence d'une intervention pacifique. Il n'a même pas pu aller jusqu'au bout de cette machiavélique tentative. L'état-major est intervenu et a réclamé la guerre. Il se basait sur les armements de la Russie et de la France, le 30 juillet, à l'heure même où le gouvernement français venait de faire reculer les troupes de 10 kilomètres et où M. Sazonoff, d'accord avec l'ambassadeur d'Allemagne, dictait à ce dernier une formule conciliatrice que M. de Jagow refusait de transmettre!...

Cette journée du 30 juillet est double. L'Allemagne feint de vouloir la paix, conseille la modération, et puis révoque la dépêche modératrice au moment même où elle est partie! La Russie réclame la négociation et la France découvre ses frontières! C'est le jour où M. de Bethmann-Hollweg ouvre la guerre. Il l'a ouverte ce jour-là par son télégramme fatal; il a donné l'ordre du massacre; il a précipité le monde au charnier. A-t-il été indécis, incapable, soumis à cette docilité qui, en Allemagne, est une vocation d'Etat? Le tombeau est un refuge où M. de Bethmann-Hollweg a emporté son secret...

Nous allons suivre pas à pas sur le chemin du meurtre, dans cette soirée et dans cette nuit du 30 juillet, M. de Bethmann-Hollweg et l'état-major. Chaque heure, chaque mot a un intérêt capital pour l'histoire.

On ne peut quitter l'état-major des yeux depuis le 29 juillet jusqu'au 31 juillet, 1 heure de l'après-midi. Les documents, réunis ensemble par le fil de la logique, alors qu'ils sont naturellement dispersés, d'abord dans le Livre blanc, et puis dans le Livre rouge autrichien, forment, autour des criminels, un formidable réseau. Seulement, il faut le tisser. Pour cela, il faut rappeler quelques précisions. Jusqu'aux environs du 28 juillet, M. de Bethmann-Hollweg a été intransigeant et hautain. C'est vers le 29 que l'attitude anglaise lui montrera l'étendue de la catastrophe s'il persiste; il va freiner — qu'on me passe l'expression, — misérable conducteur d'hommes qui est lui-même conduit par les événements. La peur des responsabilités, qui ne l'a pas visité jusque-là, tant qu'il a cru que l'Allemagne n'avait qu'à parler, l'assiège. Si l'on pouvait les éviter? Quel alibi bienfaisant pourrait lui servir de refuge? Effrayé, parce qu'il est allé plus loin qu'il ne le pensait, parce qu'il a été entraîné par le débordement militariste, tandis qu'il écrit, l'ombre du sabre est sur son papier. A moitié désireux, tout de même, de paraître fort, il s'enlise dans des contradictions lamentables. Il a fait sa dépêche conciliatrice à 9 heures du soir, le 30 iuillet ; le même soir, à 11 h. 20, il la révoque. Le même jour, au Conseil des Ministres de Prusse, parlant de la mobilisation russe, il a dit qu'elle n'était pas comparable aux mobilisations des pays occidentaux et que les Russes resteraient l'arme au pied très longtemps. Il a dit, à la fin, parlant de la situation générale des pays : « La direction manque, la machine est en mouvement. » (D. A. 456.) La direction, c'était lui; la machine, c'était l'état-major.

Etait-il épié? L'état-major était-il au courant de ce qu'il faisait? En effet, pendant qu'il essayait de voir si l'orage s'arrêterait, de chercher contre lui un abri, voici ce que l'état-major tramait, du haut d'une initiative autoritaire, qui n'aurait pas ruiné toutes les initiatives du chancelier si celles-ci, hypocrites et contradictoires, allant tantôt vers l'action, tantôt vers la retraite, avaient été sincères.

On va lire dans le Livre rouge autrichien ces appels à la mobilisation autrichienne venus de Berlin, cette préparation à la mobilisation allemande, dans la journée du 30 juillet, *avant* que ne fût connue la mobilisation russe.

Voici un télégramme dont, bien entendu, les écrivains allemands ne parlent jamais, qui émane de l'ambassadeur d'Autriche à Berlin, et est ainsi conçu :

« Le comte Szôgyeny au comte Berchtold. Télégramme 331. Berlin, le 30 juillet 1914. Remis à 7 h. 40 M. P. M. Parvenu à 10 h. 20 P. M. Chiffré strictement secret.

« L'attaché militaire I. R., après un entretien très important avec le chef d'état-major allemand, vient d'envoyer au baron Conrad un télégramme d'après lequel le comte de Moltke me conseille instamment la mobilisation générale immédiate... »

« Instamment ! Immédiate ! » Et cela le 30 juillet, avant 7 h. 40, puisque cette dépêche, qui porte cette heure, vise une dépêche antérieure envoyée au baron de Conrad par l'attaché militaire autrichien.

A ce télégramme, il est répondu comme suit, le 31 juillet, par M. Berchtold :

« *Chiffré. — 8 h. 2. M. — L'ordre de mobilisation est lancé aujourd'hui 31 juillet. Je vous prie de faire connaître le premier jour de votre mobilisation.* »

Et cette mobilisation même que, le 30 juillet déjà, l'Allemagne conseillait instamment à l'Autriche, dans quelles conditions était-elle faite? Il faut relire, pour le savoir, la dépêche que m'a adressée, le 30 juillet, M. Dumaine, ambassadeur de France à Vienne (Livre jaune 104). L'ambassadeur relate un entretien long et qu'on dit cordial, entre l'ambassadeur russe et M. Berchtold. Il en espère beaucoup. Cependant, il termine ainsi : « *L'entretien s'était maintenu dans un ton amical et permettait de croire que toute chance de localiser le conflit n'était pas perdue, lorsque la nouvelle de la mobilisation allemande est parvenue à Vienne.* »

C'est bien net, n'est-ce pas? On se rappelle les heures sinistres : le 30 juillet, à 1 heure de l'après-midi, sous le regard complaisant de M. de Jagow et sous l'égide de l'état-major, paraît ce qu'on appelle la fausse nouvelle de la mobilisation allemande dans le *Lokal-Anzeiger*, journal officieux et dévoué. On sait le formidable effet produit en Russie et qui était cherché. On vient de voir l'effet produit à Vienne où, bien entendu, on ne dément pas. Rien n'indique, en effet, un démenti officiel. Ainsi tout se précipite : au début de l'après-midi du 30 juillet, nouvelle répandue à Vienne de la mobilisation allemande; le même jour, pour bien confirmer que le fait est vrai, dépêche de Berlin conseillant à Vienne la mobilisation générale immédiate. Qui donc a pris les devants? Qui a mobilisé le premier? Que savait de la prétendue mobilisation générale russe M. de Moltke, le 30 juillet, à 7 h. 40, et même avant, puisqu'il a fallu rédiger et chiffrer la dépêche envoyée à Vienne? Jamais crime ne fut plus patent.

Et l'Allemagne, elle, a-t-elle attendu? Parlons un peu de ses préparatifs meurtriers et foudroyants.

Un mensonge légal couvre les mouvements de troupes de l'Allemagne.

Elle n'a pour cela qu'à proclamer le *péril de guerre*. C'est la mobilisation de fait. Ce qui revient à dire que la mobilisation ressemble, en Allemagne, à une formalité. C'est, si l'on veut, le timbre qu'on met sur une enveloppe qui porte préalablement l'adresse et contient la lettre toute écrite.

Mais même avant de proclamer le *péril de guerre*, c'est-à-dire vraiment la mobilisation, l'Allemagne avait fait de formidables préparatifs. J'ai déjà établi le tableau de ces préparatifs, je l'ai établi dans un télégramme écrit à la hâte au 30 juillet 1914, les renseignements n'étant pas encore à cette heure de fièvre tous réunis, et j'ai publié ce télégramme, adressé à tous les représentants de la France à l'étranger, dans le Livre jaune (n° 106). Voici mon télégramme :

« *M. René Viviani, président du Conseil, ministre des Affaires Etrangères, à M. Paul Cambon, ambassadeur de France, à Londres.*

« *Paris, le 30 juillet 1914.*

« *Je vous prie de porter à la connaissance de sir Edward Grey les renseignements suivants touchant les préparatifs militaires français et allemands. L'Angleterre y verra que si la France est résolue, ce n'est pas elle qui prend des mesures d'agression.*

« *Faites attirer l'attention de sir Edward Grey sur la décision prise par le Conseil des Ministres de ce matin : bien que l'Allemagne ait pris ses dispositifs de couverture à quelques centaines de mètres de la frontière, sur tout le front du Luxembourg aux Vosges et porté ses troupes de couverture sur leurs positions de combat, nous avons retenu nos troupes à 10 kilomètres de la frontière en leur interdisant de s'en rapprocher davantage.*

« *Notre plan, conçu dans un esprit d'offensive, prévoyait pourtant que les positions de combat de nos troupes de couverture seraient aussi rapprochées que possible de la frontière. En livrant ainsi une bande du territoire sans défense à l'agression soudaine de l'ennemi, le Gouvernement de la République tient à montrer que la France, pas plus que la Russie, n'a la responsabilité de l'attaque.*

« *Pour s'en assurer, il suffit de comparer les me-*

sures prises des deux côtés de notre frontière : en France, les permissionnaires n'ont été rappelés qu'après que nous ayons acquis la certitude que l'Allemagne l'avait fait depuis cinq jours.

« En Allemagne, non seulement les troupes en garnison à Metz ont été poussées jusqu'à la frontière, mais encore elles ont été renforcées par des éléments transportés en chemin de fer de garnisons de l'intérieur, telles que celles de Trèves et de Cologne. Rien d'analogue n'a été fait en France. L'armement des places de la frontière (déboisement, mise en place de l'armement, construction de batteries, renforcement des réseaux de fil de fer) a été commencé en Allemagne dès le samedi 25. Chez nous, il va l'être (30 et 31 juillet), la France ne pouvant plus se dispenser de prendre les mêmes mesures.

« Les forts ont été occupés militairement, en Allemagne le samedi 25, en France le mardi 28.

« Enfin, en Allemagne, les réservistes, par dizaines de milliers, ont été rappelés par convocation individuelle, ceux résidant à l'étranger (classes de 1903 à 1911) rappelés, les officiers de réserve convoqués; à l'intérieur, les routes sont barrées, les automobiles ne circulent qu'avec un permis. C'est le dernier stade avant la mobilisation. Aucune de ces mesures n'a été prise en France.

« L'armée allemande a ses avant-postes sur nos bornes-frontières. Par deux fois, hier, des patrouilles allemandes ont pénétré sur notre territoire; tout le 16e corps de Metz, renforcé par une partie du 8e *venue de Trèves et de Cologne, occupe la frontière de Metz au Luxembourg; le 15e corps d'armée de Strasbourg a serré sur la frontière.*

« Sous menace d'être fusillés, les Alsaciens-Lorrains des pays annexés ont défense de passer la frontière.

« Signé : RENÉ VIVIANI. »

Ainsi, je suis amené à parler des préparatifs de la France. On vient de voir qu'ils suivaient ceux de l'Allemagne, qu'ils ne les précédaient jamais, qu'ils étaient seulement une réponse légitime. Et cependant, nous savions que nous avions une armée moins nombreuse. Cela ne nous a pas suffi. Et j'ai la fierté de rappeler dans ces pages — et par elles de jeter aux sillons des consciences humaines où, je l'espère, elle germera — la magnifique pensée de la France et qui la rend, pour le sacrifice consenti par elle à la paix du monde, supérieure à toutes les nations si, d'ailleurs par la bravoure et par l'endurance, elle leur est égale.

Au Conseil des Ministres tenu dans la matinée du 30 juillet, après m'être mis d'accord avec le ministre de la Guerre et avec le généralissime Joffre, je proposais ce que rappelle plus haut mon télégramme.

Certes, le risque était terrible et cependant je l'ai affronté.

Pourquoi l'avoir affronté? J'étais hanté, et aussi

tous mes collègues dont l'intrépidité a droit à mon
public hommage, par la crainte de voir surgir la
guerre d'un bouquet d'arbres dans lequel deux patrouilles se seraient rencontrées, d'un écart de paroles,
d'un geste menaçant, d'une contestation de frontière
même faite de bonne foi. Les soldats se heurtent
au seuil des deux pays, un mauvais regard, un mot
brutal, une injure et le coup part. Or, je connaissais
la puissance d'insolence de la soldatesque allemande
et aussi la puissance de propagande pernicieuse du
Gouvernement dont on vient d'avoir une preuve ici
même par la suppression de textes, les falsifications,
les changements de dates. En 1870, la France, trompée, avait été entraînée à la guerre. Pour un incident dénaturé le lendemain par toute la presse allemande, le destin des peuples, la civilisation, la joie
et le travail du monde, sa sécurité, les trésors accumulés par le génie humain, la noblesse de toutes les
pensées rassemblées en une glorieuse synthèse, tout
le patrimoine économique et matériel accumulé par
les générations passées, la vie de millions d'hommes
présents, l'avenir de ceux qui allaient se lever sous
le soleil, héritiers que nous voulions plus heureux que
nous-mêmes, tout cela allait-il s'effondrer ?

Et, à ce moment, je ne me doutais pas encore de
l'ampleur funèbre du carnage, de la durée du massacre, de l'ignominie des moyens de guerre, du pillage
collectif considéré comme un combat, même dans une
maison désertée par les hommes appelés au devoir et
habitée par des vieillards, des femmes et des enfants !

en un mot, de la bestialité qui veut s'assouvir sur les richesses privées, sur les êtres, sur les corps et même sur les âmes...

Je fis la proposition au Conseil, assumant la plus lourde responsabilité de l'histoire sur ma tête, la faisant prendre à la France. Et cela pourquoi? Pour ne pas faire dépendre la paix d'un geste préparé ou spontané à ces heures de nervosité tellement effroyables qu'une parole de raison devenait impossible.

Je livre ici les documents militaires qui ont assuré l'exécution de cette mesure d'audace et de prudence.

Le premier ordre gouvernemental porte le n° 129. Il fut expédié de Paris par M. Messimy, ministre de la Guerre, le 30 juillet, à 16 h. 55.

En voici le texte :

« Exécutez mesures préparatoires aux opérations n° 24 exercice mobilisation garnisons extrême frontière visées par annexe II à l'instruction 15 février 1909.

« Jusqu'à nouvel ordre et sauf cas attaque brusquée, aucun appel de réservistes ne devra être fait.

« Les troupes devant faire mouvement de couverture par voie ferrée se tiendront prêtes à embarquer.

« Les troupes faisant mouvement de couverture par voie de terre gagneront sans délai emplacements prévus en cas attaque brusquée. Toutefois, pour des raisons diplomatiques, il est indispensable qu'aucun incident ne se produise de notre fait. En conséquence, aucun élément, ni aucune patrouille ne devra, sous aucun prétexte, approcher de la frontière, ni dépasser la ligne. »

Suit une énumération de localités qui trace une ligne maintenant les troupes françaises à plus de 10 kilomètres de la frontière franco-allemande.

Le second télégramme est du 1ᵉʳ août : il porte le numéro 209 et est expédié à 22 h. 30. Il vient après un télégramme expédié à 17 heures, le même jour, par le ministre de la Guerre, et qui confirmait les instructions du télégramme du 30 juillet, rappelé plus haut.

Ce télégramme de 22 h. 30 est ainsi conçu :

« Le Ministre de la Guerre insiste encore, de la part du Président de la République, et pour des raisons diplomatiques sérieuses, sur la nécessité de ne pas franchir la limite de démarcation indiquée par le télégramme n° 129 du 30 juillet et rappelée par un télégramme d'aujourd'hui. Cette interdiction s'applique aussi bien à la cavalerie qu'aux autres armes; aucune patrouille, aucune reconnaissance, aucun poste, aucun élément ne doit se trouver à l'est de ladite ligne.

« Quiconque l'aurait franchie serait passible du conseil de guerre, et ce n'est qu'en cas d'attaque bien caractérisée qu'il sera permis de transgresser cet ordre qui sera communiqué à toutes les troupes. »

Le troisième télégramme est daté du 2 août, veille

du jour où l'Allemagne déclara la guerre à la France. La mobilisation allemande est en pleine activité; les troupes allemandes ont occupé le Luxembourg; *elles ont violé le territoire français en de nombreux points;* des cavaliers allemands sont arrivés à Jonchery et Boron, à six ou huit kilomètres de la frontière; à Suarce, où ils emmènent des chevaux que l'on était en train de réquisitionner; à Petit-Croix.

Dans la journée, à 10 h. 30, le ministre, *malgré ces violations de frontière,* dans le but « *d'enlever toute apparence d'agression au mouvement des troupes françaises* », a rappelé les prescriptions du télégramme du 30 juillet. A 17 h. 30, le commandant en chef adresse aux commandants de secteurs de couverture le message suivant :

« L'interdiction de dépasser vers l'est la ligne indiquée par le télégramme 129-3/11 T du 30 juillet et distante d'environ 10 kilomètres de la frontière est levée.

« Cependant, pour des raisons nationales d'ordre moral et pour des raisons impérieuses d'ordre diplomatique, il est indispensable de laisser aux Allemands l'entière responsabilité des hostilités.

« En conséquence, et jusqu'à nouvel ordre, la couverture se bornera à rejeter au delà de la frontière toute troupe assaillante sans la poursuivre plus loin et sans entrer sur le territoire adverse. »

C'est seulement le 5 août, à 12 h. 30 (l'Angleterre

avait déclaré la guerre à l'Allemagne à 11 heures), que le général en chef adresse aux commandants des secteurs de couverture le message suivant :

« La guerre ayant été déclarée, il n'est plus apporté aucune restriction aux opérations de couverture qui peuvent s'exécuter telles qu'elles résultent des missions attribuées aux troupes des différents secteurs. »

L'armée à cette date rejoint sous cet ordre sa position. Pas un pouce de terrain, bien entendu, et pas un homme ne furent perdus.

Voilà les préparatifs français! Voilà en quoi ils menaçaient l'Allemagne! Et l'empereur les connaissait non seulement il y a quelques mois, quand il écrivait ses mensonges dans ses Mémoires, au sein du refuge où il a été cacher son courage, mais le jour même, c'est-à-dire en 1914, car il a annoté une dépêche qui faisait allusion à cette mesure. Est-il possible d'admettre maintenant que le même homme se permette de rejeter, dans ses Mémoires, sur les préparatifs des peuples qui ne faisaient que suivre les siens de loin, ses responsabilités? Quoi qu'il fasse, quoi qu'il dise et quoi qu'il écrive, je dirais que ses responsabilités ceignent son front comme une couronne d'épines, si je ne croyais déshonorer ainsi ce noble symbole en le transportant d'une tête sacrée sur un front flétri.

Et maintenant vidons encore une question capitale pour la responsabilité générale de l'Allemagne et pour celle de l'empereur et de son chancelier.

On sait que M. de Bethmann-Hollweg, à la date

du 30 juillet, avait envoyé deux télégrammes à son ambassadeur à Vienne pour le prier d'insister auprès du gouvernement autrichien afin qu'il acceptât de converser avec la Russie. Dans ces dépêches, M. de Bethmann invoquait l'humiliation subie par la Serbie (dont vraiment il s'apercevait bien tard) et disait que l'honneur autrichien avait été satisfait. (Doc. allem. 148 et 149 et un autre cité plus haut D. A. 441.)' Puis, quelques heures après, il annulait ces dépêches. M. de Bethmann-Hollweg allègue, pour expliquer son revirement, l'insistance de l'état-major allemand, « fondée, dit-il, sur les préparatifs russes et français ».

L'allégation, bien entendu, est fausse. Tenons-la cependant pour fondée...

Veut-on qu'elle soit fondée à cette date du 30 juillet? Soit. Mais, les 27, 28 et 29 juillet, était-elle fondée? Où étaient les prétendus préparatifs russes et français à cette date? A cette date, la Serbie avait-elle répondu avec une intransigeante insolence à l'Autriche? Elle avait tout accepté et demandé à parler sur une seule clause, tandis que l'Entente réclamait, elle aussi, un pacifique débat à Londres. La réponse modérée de la Serbie fut si déconcertante pour ceux qui en attendaient la guerre en escomptant une réponse inacceptable, que l'empereur Guillaume déclarait « qu'il n'y avait plus de causes de guerre et que l'Autriche avait obtenu satisfaction ». M. de Bethmann-Hollweg tenait le même langage. Alors se pose devant la tombe de ce dernier, puisque, heureusement pour lui, sa conscience s'y est dissoute, une terrible question : Si la réponse et l'attitude de la Serbie connues — même si l'on avait pu les suspecter au moins le 26 — et demeurant toujours les mêmes, prudentes et déférentes, ont été telles que l'empereur Guillaume y a rendu un involontaire hommage, qu'est-ce donc qui empêchait M. de Bethmann-Hollweg de donner à l'Autriche à ce moment précis, le conseil qu'il n'a donné que le 30 juillet, sauf à le retirer le même jour ? Pourquoi ce temps perdu ? Pourquoi M. de Jagow a-t-il, vers le 30 juillet, refusé de transmettre à l'Autriche la proposition Sazonoff que lui avait envoyée M. de Pourtalès ? Si vraiment l'état-major allemand, qui a menti à son gouvernement pour l'entraîner, avait eu raison de se plaindre le 30 juillet, il n'avait même pas eu pour le faire l'ombre d'un prétexte avant cette date. La perte volontaire du temps, l'écoulement des heures dans une inertie commandée, les refus acerbes, tout cela a amené la tension des nerfs, l'exaltation recherchée des esprits, enfin le résultat suprême.

Ainsi le premier responsable, même si la thèse soutenue par l'état-major allemand était fondée, c'est encore M. de Bethmann-Hollweg. Certes, il est mort. Mais il est des cas où la mort n'est pas une excuse.

Serrons encore les coupables, afin que rien n'échappe de leurs crimes. M. de Berthmann-Hollweg, pour expliquer la raison pour laquelle il a révoqué, le 30 juillet, la dépêche de conciliation qu'il avait préparée, a donné deux explications contradictoires.

Dans le document allemand n° 451, il dit qu'il est averti de préparatifs militaires en Russie et en France; c'est pour cela qu'il retire son projet dans la nuit, 2 h. 45 du matin. A cette heure-là, il déclare qu'il attend une dépêche d'Henri de Prusse qui, d'ailleurs, n'avait fait qu'accroître le malentendu par l'incapacité où s'était trouvé ce prince de comprendre les paroles du roi d'Angleterre. (Document allemand n° 464.)

La preuve est donc faite par lui-même qu'à quelques heures de distance, le même soir, il invoquait des prétextes contradictoires. Rien n'était plus simple, à 11 h. 20, si le fait était fondé, de continuer à invoquer les préparatifs militaires des autres nations. Mais en quel état était-il tombé lui-même? A cette heure de nuit, il est las. L'état-major l'a suivi à la piste, l'a épié, serré, surveillé, ligoté, abattu; qu'il écrive tardivement, pour se couvrir, des conseils de sagesse! C'est lui qui a lancé l'Autriche, déclaré à son ambassadeur qu'il ne fallait pas la retenir, qui lui a conseillé d'être prudent, afin de jeter la responsabilité sur les Russes, qui télégraphiait encore plus tard à son ambassadeur à Vienne qu'il fallait mettre les torts du côté de la Russie, épouvanté par la grandeur des événements! (Voir les chapitres précédents.)

Pendant ce temps, débarrassé de tout scrupule, non surpris de la guerre, puisqu'il l'a prépa.ée et voulue, l'appelant au contraire avec des cris farouches, l'état-major le pousse à bout. L'état-major a fait donner l'ordre de mobilisation à l'Autriche. Il avait fait paraître, dans le *Lokal-Anzeiger*, le jour même, à une heure, la nouvelle de la mobilisation allemande, qui, adressée toute de suite à Vienne, a jeté, comme on le pense bien, sur les négociations, une ombre tragique. (Voir dépêche Dumaine déjà citée.) Le même résultat était obtenu à Saint-Pétersbourg.

A qui fera-t-on croire que ce même état-major, qui se servait de l'ambassadeur d'Autriche à Berlin et de son attaché militaire pour communiquer directement avec l'état-major autrichien, n'avait pas préparé la mobilisation allemande précisément pour être en état de répondre à la mobilisation autrichienne, par lui provoquée?

Dès la nuit du 29, au Conseil de Potsdam, le général de Moltke l'avait réclamée, et alors, il est démontré par les faits eux-mêmes et les documents rapprochés que le péril de guerre, qui est la mobilisation, était organisé depuis le 29, certainement en tout cas depuis le 30. A ce moment-là, qu'est-ce que l'état-major allemand savait de la mobilisation russe, qui n'a été connue de lui que le 31, à 11 h. 30 du matin? Par conséquent, le péril de guerre, équivalant à la mobilisation, a été préparé au moins le 30, proclamé le 31, vers les 2 heures de l'après-midi, avec une célérité qui, sans cela, ne s'expliquerait pas. La journée du 5 juillet avait porté ses fruits sanglants. La guerre allait venir.

La parole sera-t-elle donc à la bestialité humaine?

CHAPITRE X

LA DÉCLARATION DE GUERRE

Non, non, le sort cependant n'était pas jeté! Même à cette heure suprême, tout pouvait encore être sauvé.

En effet, tout d'abord, une mobilisation, même générale, vaut pour le péril qu'elle peut faire naître ce que vaut l'intention belliqueuse ou pacifique qu'il y a présidé. Deux fois de suite, pour sa mobilisation qui lui fut imposée, la Russie avait fait valoir son ardent désir de conserver la paix et de continuer les négociations.

Mais comment négocier, si, au seuil des chancelleries, le négociateur n'est pas soutenu dans son autorité morale qui vient en grande partie de l'autorité matérielle, et s'il se heurte aux représentants du pays armé? Or, l'Autriche était armée et jusque là n'avait

rien dit. Elle n'avait pas protesté contre la mobilisation. Elle va, au contraire, continuer le jour même
de la mobilisation à parler avec une intention, il est
vrai, plus ou moins honnête; mais, enfin, elle ne rompt
pas. Donc, si chacun a pris des précautions et si, avec
une attitude plus ou moins inquiète, chacun veut faire
prévaloir ses droits, on le peut.

On le veut, en tout cas. L'Entente ne perd pas
courage et sa ténacité a poursuivi la paix au milieu
d'une Europe où l'explosion pouvait se produire à
chaque pas. La postérité restera stupéfaite de cette
inutile rencontre entre les hommes de bonne volonté
et les autres. Ceux-ci vont être forcés, devant la conscience humaine, acculée par le raisonnement, à abandonner momentanément le mutisme convenu et vont
frapper par derrière le coup scélérat.

Refaisons, pour notre part, à travers tant de méan-
dres, le triste chemin.

A ce moment, tout était suspendu, il faut bien le
dire, à l'intervention anglaise. La Russie avait fourni,
sous les menaces, en gardant à la fois son calme et
sa dignité, un immense effort de conciliation, accep-
tant toutes les propositions franco-anglaises. De notre
côté, nous avions épuisé nos tentatives, ne pouvant
rien sur Vienne, moins encore sur Berlin. Certes,
l'Angleterre, loyale et prudente, avait fait savoir que
les procédés d'intimidation ne pouvaient suffire. Deux
fois, trois fois, sous des formes différentes, sir Edward
Grey avait appelé à Londres les nations désintéres-
sées. Il avait déclaré, et avant lui son ambassadeur

à Berlin, qu'il n'était pas enchaîné à la neutralité, mais n'avait fait aucune promesse ferme de concours, dans ce pays où l'opinion ne s'intéressait pas à la Serbie, s'intéressait peu à la Russie et n'apercevait pas tout de suite que la France serait atteinte. Le gouvernement a dû peu à peu convaincre et gagner l'opinion.

Mais on pense bien que l'activité formidable déployée dans la journée du 30 par l'état-major allemand ne va se ralentir. Le 30, on a jeté en pâture dans le monde la nouvelle de la mobilisation allemande; on a exaspéré à dessein la Russie en escomptant d'elle un mouvement, on a fortement impressionné l'Autriche (dépêche de l'ambassadeur Dumaine). Le 30, on a donné l'ordre à l'armée autrichienne de mobiliser, et cela vers 7 heures du soir. L'Allemagne va, naturellement, profiter de cette situation : le péril de guerre est proclamé vers les deux heures de l'après-midi, comme nous l'avons fait remarquer au chapitre précédent. Depuis le 29 juillet, la mobilisation allemande était prête et l'avis paru dans le *Lokal Anzeiger* n'a surpris aucun des dirigeants. A plus forte raison le péril de guerre, qui en est la substance; en lançant la nouvelle de la mobilisation allemande, comme nous l'avons prouvé au chapitre précédent, on savait que la Russie se mettrait d'autant plus vite en état de défense qu'en même temps était faite contre elle la mobilisation autrichienne. On attendait cette mobilisation russe à Berlin, après l'avoir provoquée, non pour préparer le péril de guerre (Waldersee a dit, le 6 juillet : « Nous sommes prêts. »), mais pour le proclamer. Cette comédie infâme demandait à être clairement dévoilée.

Le péril de guerre, par le mensonge d'une législation dont aucun pays n'a accepté la honte, c'est la mobilisation même. Le réserviste trouve en son livret la feuille qui lui désigne le poste où il doit définitivement se porter. On peut donc dire que ce péril de guerre présente, sans ses inconvénients, tout le profit de la mobilisation.

Ce jour-là, le 31 juillet, M. de Schoen vint me voir. Il était exactement sept heures du soir. Ainsi qu'il le télégraphie à son gouvernement, il me « posa la question » et me demanda si j'avais l'avis officiel de la mobilisation russe. On pense bien que ce n'était pas pour se renseigner, car le gouvernement allemand qui avait appris cette mobilisation ce jour-là, à midi, n'avait nul besoin d'information. Mais la perfidie de la question est soulignée par l'autre question : « Que fera la France si la guerre est déclarée à la Russie? » Je n'avais aucune nouvelle officielle d'une mobilisation générale russe, mais seulement des avis de préparatifs reçus le matin et dont je lui fis part. M. Paléologue m'a télégraphié le 31, vers 10 h. 40 du matin, la mobilisation russe. Ce télégramme fut déposé au quai d'Orsay au bureau du chiffre à 8 h. 30 du soir. Il fallut le déchiffrer ! Il y avait plus d'une demi-heure, trois quarts d'heure que notre entrevue était close. M. de Schoen, en effet, a rendu compte de cette entrevue le soir même par une dépêche partie à 8 h. 17 du soir, treize minutes avant l'arrivée au chiffre de celle de M. Paléologue. (D. A. 528.) A neuf heures du soir M. Poincaré ouvrait notre troisième conseil de la journée.

Pour l'autre question, celle de la neutralité, je gardais le silence. Je n'avais aucun compte à rendre à l'Allemagne de nos intentions.

Tout d'un coup, M. de Schoen se dressa, alla vers un meuble où il avait déposé son chapeau et me dit subitement :

— Monsieur le Président, vous voudrez bien présenter mes respectueux hommages à M. le Président de la République et me faire remettre mes passeports.

Je me levai et je lui répondis :

— Non, monsieur l'ambassadeur, je ne présenterai pas vos hommages.

Et, pour adoucir tout de suite ce qui pouvait paraître un peu vif dans cette réplique, j'ajoutai :

— Pourquoi nous quitter ? M. de Pourtalès est resté à Pétersbourg, à son poste ; l'ambassadeur d'Autriche est ici. Pourquoi donner le signal du départ et prendre, sans ordre, cette responsabilité ?

M. de Schoen ne dit rien et pencha la tête. M. de Margerie, qui assistait à l'entretien, ajouta :

— Vous ne pouvez pas, vous qui avez donné des preuves de modération durant toute votre carrière, la terminer dans le sang.

M. de Schoen s'inclina ; puis, avant de partir, il m'annonça qu'il viendrait le lendemain, 1ᵉʳ août, me rappeler la question qu'il m'avait posée sur l'attitude

de la France. C'était une sorte d'ultimatum déposé
dans mes mains.

Ce jour-là, 31 juillet, quel était l'état de l'Europe? (1) L'Autriche, la Russie, l'Allemagne, on
peut le dire, à cause même de la proclamation du
péril de guerre, étaient en armes. Nos frontières
étaient guettées, plus que cela, menacées, et les troupes allemandes commençaient à rôder, insolentes, autour des bornes qu'elles dépassaient. On verra l'invasion progressive commencer bientôt. Certes, nous
avions, on pense bien, pris nos mesures préventives
et, tout en respectant l'ordre de retrait de 10 kilomètres, nous avions multiplié les garanties pour le pays.
La suprême garantie, c'était évidemment la mobilisation, accompagnée, comme nous le fîmes plus tard,
d'une déclaration pacifique. Mais, le 31 juillet, une

---

(1) Qu'aurait pu devenir l'état de Paris sans la sagesse
de la population? C'est à 10 heures que M. Poincaré nous
apprit, au conseil, l'assassinat de Jaurès. Une émotion profonde et une inquiétude très vive s'emparèrent de Paris.
Je fis retenir quatre régiments de cavalerie qui partaient
et rédigeai un appel au calme dans ce suprême moment.
J'allai, avec quelques collègues, à la maison où le grand
orateur reposait et revins à mon domicile à 2 heures du
matin. Dès le matin même la population montra son calme,
et la population ouvrière répondit à notre appel. La veille,
le 30, j'avais supprimé le *Carnet B*, d'accord avec le gouvernement qui fut unanime, et refusé d'envoyer 2.600 Français dans des camps de concentration sous le prétexte
de suspicions établies sur des renseignements de la police
politique. Cet appel à l'union porta ses fruits en cette terrible nuit.

immense espérance a traversé la terre. Nous apprîmes que l'Autriche daignait enfin causer avec la Russie et que sir Edward Grey renouvelait sa proposition de conciliation. Allions-nous donner à l'empereur d'Allemagne le prétexte de dire que, décidément, aucune négociation n'était possible avec cette France belliqueuse qui tirait déjà l'épée? D'accord avec le chef d'état-major, nous laissâmes passer la journée.

On apprend bien des choses après coup. Nous apprîmes plus tard, en 1918, quand notre service put déchiffrer certains documents allemands qui nous avaient échappé, ce fait sans précédent chez les sauvages eux-mêmes :

Le jour même où M. de Schoen me venait voir pour m'annoncer le péril de guerre, M. de Bethmann-Hollwe télégraphiait à M. de Schoen :

« Si le gouvernement français déclare qu'il veut rester neutre, Votre Excellence aurait l'obligeance de lui dire que nous devons, comme garantie de sa neutralité, exiger la remise entre nos mains des forteresses de Toul et Verdun; nous les occuperons et les restituerons à la fin de la guerre avec la Russie. Une réponse à cette dernière question devra nous parvenir ici avant samedi l'après-midi, 4 heures. »

M. de Schoen, il est vrai, ne m'a jamais fait de pareilles propositions. Je ne sais, cependant, si M. de Schoen n'a pas balancé à me poser la question. Pourquoi, en effet, me demander ce que serait l'attitude de la France en cas de guerre contre la Russie? Connaissant au moins la substance du traité d'alliance, et que l'attaque de deux pays à la fois contre la Russie posait pour nous le *casus fœderis*, il devait prévoir l'avenir. Sans doute, M. de Schoen, délaissant la méthode brutale, a voulu procéder par une douce insinuation. Si j'avais paru céder, il était encouragé à continuer et alors, sans doute, aurait apparu sur ses lèvres la proposition humiliante. Comment M. de Bethmann-Hollweg a-t-il pu envisager cette hypothèse et, l'ayant conçue dans un cerveau dépourvu de clarté, la mettre officiellement à jour?

Ce fait mérite d'ailleurs une attention particulière, car il est démonstratif de la psychologie allemande, à qui l'on doit imputer en grande partie le mal dont souffre ce pays. Erreur morale sur les personnes, parce qu'on les méprise, sous-estimation de la valeur, méconnaissance des contingences, impossibilité de compter sur le soulèvement de la conscience humaine, voilà ce qui a entraîné l'Allemagne aux abîmes. Cette grande usine méthodique, certes, ne fabrique que des matières, et l'homme par elle, dans le pays de Kant et de Gœthe, a été avili à ce niveau... Je ne veux pas insister, mais enfin M. de Bethmann-Hollweg a-t-il pu penser que s'il y avait eu un gouvernement tombé assez bas pour accepter ce marché, les Chambres auraient ratifié cette déchéance qui, d'un coup, souillait l'histoire la plus magnifique?

Revenons à l'ultimatum adressé à la Russie dans la journée du 31, pour échoir le 1ᵉʳ août. Il convient de marquer cette date fatale. Comme on le sait, comme on va le revoir, ce jour, même en l'état de l'Europe, quoique tout frémît autour de nous, aurait pu se terminer sur une humanité heureuse. Une sorte d'éclaircie, hélas! qui précédait l'éclair, paraissait au ciel. L'Autriche acceptait de parler avec la Serbie, acceptait qu'une autre puissance lui demandât pour la Serbie ses conditions. C'est l'ambassadeur d'Autriche à Paris qui me fit cette déclaration (1). A Saint-Pétersbourg, même démarche conciliante de l'ambassadeur d'Autriche. Tout de suite, M. Sazonoff acceptait les pourparlers à Londres... Tout s'illumine! Et puis tout retombe aux ténèbres! M. de Bethmann-Hollweg rétracte les dépêches conciliatrices qu'il avait envoyées dans la journée à Vienne. Il invoque les préparatifs russes et français! Contre ces préparatifs, afin qu'on ne continue pas la mobilisation générale russe, il envoie l'ultimatum. Pourquoi et qu'y va-t-on comprendre? M. Cambon va nous éclairer. Je copie dans le Livre jaune la dépêche suivante, n° 121 :

> *M. Jules Cambon, ambassadeur de France à Berlin, à M. René Viviani, président du conseil, ministre des affaires étrangères.*
>
> *Berlin, le 1ᵉʳ août 1914.*
> *Mon collègue de Russie a reçu hier soir deux télé-*

______

(1) Pièces diplomatiques... publiées par la République d'Autriche. I, n° 6.

grammes de M. Sazonoff, l'avisant que l'ambassadeur d'Autriche à Pétersbourg avait déclaré que son gouvernement était prêt à discuter avec le gouvernement russe sur la note à la Serbie, même quant au fond; M. Sazonoff lui aurait répondu que ces conversations devraient, à ses yeux, avoir lieu à Londres.

L'ultimatum à la Russie ne peut qu'écarter les dernières chances de paix que ces conversations semblaient laisser subsister. On peut se demander si, dans de pareilles conditions, l'acceptation de l'Autriche était sérieuse et n'avait pas pour objet de faire peser la responsabilité du conflit sur la Russie.

Mon collègue d'Angleterre a fait dans la nuit un appel pressant aux sentiments d'humanité de M. de Jagow. Celui-ci lui a répondu que la question était trop engagée et qu'il fallait attendre la réponse russe à l'ultimatum allemand. Or, il a dit à sir E. Goschen que l'ultimatum réclamait le retrait de la mobilisation russe, non seulement du côté de l'Allemagne, mais encore du côté de l'Autriche; mon collègue anglais s'en est vivement étonné et lui a déclaré que ce dernier point semblait inacceptable pour la Russie.

L'ultimatum de l'Allemagne, intervenant à l'heure précise où l'accord semble près de s'établir entre Vienne et Saint-Pétersbourg, est significatif de sa politique belliqueuse.

Le conflit n'existait en fait qu'entre la Russie et l'Autriche, l'Allemagne n'ayant à intervenir que comme alliée de l'Autriche; dans ces conditions, les

*deux puissances principalement intéressées étant dis-
posées à causer, si l'Allemagne ne désirait pas la
guerre pour son propre compte, il est incompréhensible qu'elle envoie un ultimatum à la Russie, au lieu
de continuer à travailler, comme toutes les autres
puissances, à une solution pacifique.*

J. CAMBON.

J'ai cité cette dépêche en entier, pour mettre vraiment à jour la responsabilité de l'Allemagne.

Qu'on ne parle plus des mobilisations avec le jeu des dépêches falsifiées dans leurs dates et dans leur substance! Nous avons montré ce qu'il fallait en penser et que la resposabilité totale retombait sur l'Autriche et sur l'Allemagne. Mais, même si cela n'était pas, examinons : l'Autriche est sous les armes, aussi l'Allemagne, pas encore la Russie qui doit perdre seize jours à sa concentration! Qu'on explique enfin à l'histoire, en laissant à part les horaires et les cartes, si terribles que soient ces témoins muets contre l'Allemagne et contre l'Autriche, qu'on explique ce que pouvait bien redouter l'Allemagne...

La France? Il suffit de lire ce que M. de Schoen télégraphiait à Berlin pour voir ce qu'il pensait d'elle. L'ambassadeur d'Allemagne, qui vivait au milieu de nous, qui me voyait chaque jour et plusieurs fois, qui, forcément, se renseignait par ses officiers, par ses collaborateurs, qui séjournait chez nous depuis quelques années, avait l'expérience des hommes et des choses de notre pays, M. de Schoen, dans des dépêches misérablement supprimées au premier Livre blanc, nous rendit justice.

D. A. N° 345. — Télégramme 228.
L'ambassadeur à Paris au ministère des affaires étrangères.

Paris, 29 juillet 1914.

Le ministre intérimaire des affaires étrangères, à qui j'ai donné connaissance, à titre confidentiel, de nos efforts pour obtenir à Vienne des déclarations qui pourraient servir à l'apaisement de Saint-Pétersbourg, y voit une preuve heureuse de notre bonne volonté en vue d'éviter l'extension du conflit. Il pense qu'il serait bon, pour éviter des répercussions sur l'opinion en Russie, d'éviter l'effusion de sang en Serbie. La Russie, à cet effet venait de conseiller à la Serbie d'évacuer Belgrade. Je répondis que nous ne pouvions pas arrêter le bras de l'Autriche. A la demande du ministre, si, ultérieurement, on pourrait revenir à l'idée de sir E. Grey, j'ai répondu évasivement. Le ministre nous serait reconnaissant de le tenir au courant des résultats de nos efforts, pour pouvoir participer éventuellement à l'apaisement de Saint-Pétersbourg.

SCHOEN.

D. A. N° 367. — Télégramme 229.
L'ambassadeur à Paris au ministère des affaires étrangères.

Paris, 29 juillet 1914.

M. Viviani ne conteste pas les mesures de précaution militaires, mais il insiste sur leur peu d'importance et leur exécution très discrète. On est très éloigné de la mobilisation. Il ne trouverait rien d'inquiétant à ce que, de notre côté, nous fissions de même. Toutefois, des mesures de notre part seraient regrettables, vu leurs effets alarmants sur l'opinion publique. Le meilleur remède, selon lui, serait de procéder à l'action médiatrice la plus prompte sous n'importe quelle forme. Viviani ne veut pas renoncer à l'espoir du maintien de la paix que l'on désire ici sincèrement.
SCHOEN.

D. A. N° 483. — Télégramme 528.
L'ambassadeur à Paris au ministère des affaires étrangères.

Paris, 31 juillet 1914.

L'opinion publique, grâce aux efforts du gouvernement, est aujourd'hui un peu moins émue. L'espoir du succès des négociations en cours se ranime. Le soupçon que nous poussions à la guerre se dissipe. L'opinion, pour le cas où l'on ne pourrait conserver la paix, est résignée et résolue. SCHOEN.

D. A. Nº 528. — Télégramme 237.
L'ambassadeur à Paris au ministère des affaires étrangères.

Paris, 31 juillet 1914.

J'ai posé la question à 7 heures. Le président du conseil des ministres m'a dit qu'il n'avait aucune nouvelle d'une mobilisation générale russe, mais seulement de mesures de précaution. Il ne voulait par conséquent pas abandonner tout espoir d'éviter les mesures extrêmes. Il a promis une réponse sur la question de la neutralité pour demain, à une heure au plus tard. SCHOEN.

(La dépêche par laquelle M. Paléologue m'annonçait la mobilisation russe ne m'était pas arrivée à 7 heures du soir, le 31 juillet. Elle est partie à 10 h. 45 du matin et a été reçue à 8 h. 30 du soir au Service du Déchiffrement. Celle de M. de Schoen (528) est partie de Paris à 8 h. 17 du soir. Voir note sous 528. D. A.)

D. A. Nº 598. — Télégramme 241.
L'ambassadeur à Paris au ministère des affaires étrangères.

Paris, 1ᵉʳ août 1914.

Le télégramme 184 ne m'est parvenu qu'après

3 heures. Dans un nouvel entretien avec le président du conseil, à 5 h. 1/2, celui-ci, en dépit de mon insistance, maintint la formule de cet après-midi au sujet de l'attitude de la France au cas d'une guerre russo-allemande.

Le président du conseil m'a déclaré que la mobilisation qu'on venait d'ordonner (premier jour dimanche) ne signifiait nullement des intentions agressives, ce qui serait également confirmé dans la proclamation. Il y avait toujours de la place pour la continuation des négociations sur la base de la proposition de sir E. Grey à laquelle la France donne son assentiment et qu'elle soutient chaleureusement. On a pris soin, du côté français, d'éviter des incidents de frontière par l'évacuation d'une zone de 10 kilomètres.

Il ne pouvait pas renoncer à l'espoir de sauvegarder la paix.

Schoen.

Que peut valoir, à côté de ce témoignage d'un homme présent, tout de même assez attaché à son pays pour ne pas le tromper, les élucubrations d'un Jagow et les folies d'une presse stipendiée? La France? Elle n'avait pas mobilisé. Elle avait, depuis le 30 juillet, à midi, sur mon ordre, retenu ses troupes à dix kilomètres de la frontière. L'esprit s'affolerait à vouloir comprendre s'il n'avait déjà compris.

Ah! cette journée du 5 juillet 1914, cette journée où fut arrêtée l'extermination par l'empereur, en sortant de table, lui qui, déjà, s'apprête au voyage hypocrite, cette journée, maintenant, la comprend-on? Et la dépêche cachée par les coupables comme l'arme du crime, dans laquelle l'empereur rcommande à M. de Bethmann d'agir de manière à faire tomber la responsabilité sur la Russie? Elle reste. L'état-major voulait la guerre depuis de longues années, il la voulait avec violence le 29 juillet au soir, il la voulait avec frénésie le 31 et ne se la laisserait pas dérober. Je ne sais pas si l'empereur qui, dans ses Mémoires, invoque pour se couvrir la tutelle qui le dominait et qui baigne dans l'inconscience sans cependant laver le sang, si l'empereur s'aperçoit vraiment, dans ses bois tranquilles, sur cette terre clémente qui ne lui montre aucun tombeau, du rôle qu'il a joué.

En France, nous agissons pour la paix, nous continuons, nous continuerons jusqu'au premier coup reçu. Et même après! Le 2 août, nous sommes envahis. Je montrerai tout à l'heure la patience du gouvernement et le sang-froid de la nation devant les cavaliers allemands qui, le 2 août, à dix kilomètres de la frontière française, et en deçà bien entendu, assassinaient le caporal Peugeot.

Le 1er août, M. de Schoen me vint voir, non à une heure de l'après-midi comme convenu la veille, mais à onze heures du matin. Je quittai le conseil pour le recevoir. Il me posa la même question.

— La France, lui dis-je, s'inspirera de ses intérêts.

Il réfléchit un instant et me dit :

— J'avoue que ma question est un peu naïve, et puis, vous avez un traité d'alliance?

— Parfaitement !

Il revint me voir à 5 h. 1/2 et voulut insister encore sur la neutralité éventuelle de la France. Je lui déclarai nettement que je m'en ténais à ma réponse du matin.

Alors la conversation continua. Je lui marquai que je sentais venir une heure plus propice, en dépit de l'ultimatum, à cause de la démarche anglaise insistant encore sur les négociations à quatre.

Je le vois encore, fixant les yeux au-dessus de ma tête comme s'il cherchait dans l'air un point d'appui pour le regard, et il me dit :

— Il me semble qu'il y ait une lueur d'espoir.

Il ne me parla plus de ses passeports et je lui demandai brusquement :

— A quoi tend votre ultimatum ? La Russie et l'Autriche - s'accordent. Voilà huit jours que nous cherchons ce résultat. Votre ultimatum peut tout briser.

M. de Schoen s'excusa de son ignorance des faits et de l'absence d'instructions de Berlin. Il me dit aimer la France. Il assura qu'il voulait joindre ses efforts aux miens pour la paix. Je le remerciai et je n'ai eu et je n'ai encore aucun doute sur la sincérité de sa parole. Je lui marquai cependant d'un mot la lourde responsabilité de son gouvernement qui, d'ailleurs, c'était encore mon espoir, pouvait tout sauver.

Il pouvait encore tout sauver ! L'empereur pouvait tout sauver ! Un mot, un seul, et le monde respire. Quel mot ? L'empereur Guillaume a toujours tenu à paraître l'arbitre du monde. Or, c'était pour lui le jour suprême s'il avait compris l'occasion de son destin.

A ce moment, le 31 juillet, j'ai dit plus haut la situation et que l'Europe était dans une agitation militaire qui pouvait être limitée. A ce moment, l'Autriche et la Russie allaient enfin pouvoir parler. Quel obstacle pouvait les en empêcher? L'amour-propre autrichien? L'Autriche en était le meilleur juge, et Guillaume n'avait-il pas, dès le 28 juillet, reconnu que la cause de la guerre avait été abolie par la réponse serbe? Les mobilisations, sans même qu'on s'inquiétât de leur origine et de leur date, du moment que l'Autriche et la Russie (qui étaient demeurées mobilisées deux ans pendant la guerre balkanique) acceptaient par-dessus les armes de s'adresser des questions et des réponses, n'étaient pas un obstacle. Les armées de la Russie? Il lui fallait seize jours pour les apprêter et les disposer sur les frontières! Et d'ailleurs, l'empereur n'avait-il pas dit, le 5 juillet : « La Russie n'est pas prête », ajoutant que l'artillerie lourde de la France était inférieure. Et lui, de sa propre armée, voici ce qu'il dit dans ses Mémoires : « L'armée allemande était la plus organisée du monde quand elle s'avança en 1914 sur l'ennemi. » Personne ne le contredisait. Personne ne le contredit. Alors? Alors, que dira la postérité, et même, avant de s'endormir sur ces terribles souvenirs, le monde qui survit? Alors?

Le 31 juillet, il n'y avait rien à craindre, il y avait

tout à tenter, et la vraie gloire, pas celle qui se repaît sur les tombeaux, consistait à demander à l'Autriche, son amour-propre étant sauf, d'arrêter sa mobilisation où elle en était, de garder le gage serbe jusqu'à la négociation, ce que d'ailleurs, le 27 juillet, l'Entente acceptait; demander à la Russie d'arrêter la sienne, son amour-propre étant sauf par l'arrêt concomitant de la mobilisation autrichienne; nous demander à nous, ce qui était bien inutile, puisque nous avions déjà reculé notre mobilisation d'un jour, d'attendre les négociations. Et puisque l'Allemagne paraissait se raidir à la pensée de rétracter son geste, maintenir le péril de guerre équivalant à la mobilisation. Puis, à l'abri des armes égales, parler. Des armes égales? Ce n'était même pas vrai. A Londres se fussent rencontrées la France non mobilisée, l'Angleterre non mobilisée, l'Italie pour laquelle la question ne se posait pas et qui était membre de la Triplice, enfin l'Allemagne armée et prête à foudroyer quiconque transgresserait le contrat. C'est là ce qu'une forte conscience eût entrevu et qu'un cerveau clair eût conçu, ce qu'une volonté ferme eût réalisé. Pas seulement une volonté ferme, mais le bon sens d'un homme ordinaire ne prenant pas devant le monde la pose d'un conquérant! Maintenant, à genoux sous la malédiction publique, l'empereur peut écrire, gémir, plaider, épiloguer sur des détails, saisir des textes dont il ne sait plus lui-même si son officine peut les garantir, rien ne l'empêchera d'entendre le cri du temps et des hommes, des vivants et des morts.

Mais continuons à suivre l'histoire.

L'ultimatum à la Russie annonçait que, pour démobiliser, la Russie avait douze heures, et il s'agissait pour elle, non seulement de démobiliser devant l'Allemagne, mais même devant l'Autriche, qui l'avait menacée la première et qui, cependant, continuait à négocier. Ce qu'il y a de plus extraordinaire pour l'histoire, c'est que ce péril de l'Allemagne, dont l'Allemagne puissante et redoutable paraissait effrayée, l'Autriche, plus faible, l'acceptait sans émotion, marquant ainsi qu'après tout, par-dessus les armées, la conversation était possible. C'est là un des points capitaux de la guerre. L'esprit de guerre dominait donc entièrement l'Allemagne.

Le 31 juillet, le tsar adressa à l'empereur d'Allemagne cette dépêche, suprême appel de la paix à la guerre, appel de la justice à la bestialité :

« J'ai reçu ton télégramme. Je comprends que tu sois forcé de mobiliser, mais je voudrais obtenir de toi la même garantie que celle que je t'ai donnée, à savoir que ces mesures ne signifient pas la guerre et que nous continuerons à négocier pour le salut de nos deux pays et de la paix générale qui est si chère à nos cœurs. Notre amitié de longue date réussira, avec l'aide de Dieu, à empêcher l'effusion de sang. Plein de confiance, j'attends d'urgence ta réponse. Signé : Nicolas II. » (Document allemand, n° 546.)

La réponse fut la déclaration de guerre.

Ainsi, la guerre fut déclarée le 1" août. A ce moment même, l'ambassadeur d'Autriche à Paris nous prévenait qu'un rapprochement avait lieu avec Saint-Pétersbourg, et l'ambassadeur d'Autriche à Saint-Pétersbourg recevait de M. Sazonoff l'assurance que la Russie accepterait la conversation avec nous et l'Angleterre, qu'elle avait si souvent réclamée. Comme M. de Pourtalès entrait chez M. Sazonoff pour lui remettre la déclaration de guerre, l'ambassadeur autrichien s'y trouvait pour négocier.

C'était la fin.

Le 1" août, dans l'après-midi, je contresignais le décret de mobilisation, à l'heure même où l'Allemagne, déjà sous les armes depuis la veille, faisait le geste légal qu'avait précédé la brutalité du fait.

Ainsi la France, qui avait retiré ses troupes de la frontière, avait attendu l'heure suprême : elle n'avait pas mobilisé encore dans une Europe resssemblant à un camp retranché. Je ne pouvais plus attendre. Passée cette heure extrême, ma responsabilité devenait criminelle. Alors, ayant tout tenté, à cette minute inoubliable, j'appelai la nation aux armes et à l'indépendance. En même temps, nous faisions accompagner ce décret d'une déclaration signée de M. le président de la République et de tous les ministres, et qui proclamait sur les murs de la France l'ardent désir de paix, parfaitement compatible, d'ailleurs, avec la préoccupation nécessaire de la défense légitime.

Et puis, fatigué de tourner les yeux vers l'Allemagne où je ne voyais que le reflet des armes, je regardai vers l'Angleterre. Sir Edward Grey avait observé une attitude loyale et impartiale, refusant d'aliéner la liberté anglaise, mais n'avait formulé aucun désir d'action. Pas davantage le roi, répondant à l'appel angoissé du chef de l'Etat français.

Cependant, sur mon instance et celle de M. Paul Cambon, le ministre des affaires étrangères britannique promit de défendre par la flotte toute injure à nos côtes et à nos pavillons.

Ce n'était pas encore la collaboration. L'heure viendra où la violation de la neutralité belge fera surgir l'Angleterre sur les flots, immuable comme le destin. L'Allemagne a précipité cette heure, elle n'a fait que la précipiter, car rien ne me fera penser que, même exclue la violation de la neutralité belge, l'Angleterre fût demeurée impassible; la protection promise contre la brutalité maritime de l'Allemagne eût été l'étincelle et, même sans cette action, se souvenant de 1870, comme en 1870 nous nous sommes amèrement souvenus de Sadowa, l'Angleterre n'aurait pas laissé se continuer sans elle un combat meurtrier pour son honneur et ses intérêts.

CHAPITRE XI

L'HEURE DE LA FRANCE

L'histoire dira que, quand le glas a sonné, son lugubre écho nous a trouvés debout.

Voici comment la déclaration me fut remise :

Le 3 août, à 6 h. 15 du soir, un coup de téléphone éploré apporta au ministère communication du noble et grand ambassadeur d'Amérique, mon ami Myron T. Herrick. Il nous faisait savoir, et sa voix était mouillée de larmes, que M. de Schoen lui avait demandé de hisser le drapeau des Etats-Unis sur l'ambassade d'Allemagne (1). Le drapeau américain! Etoiles dont les premières furent fixées à la soie glorieuse par les mains autrefois entrelacées de

---

(1) J'avais télégraphié deux jours avant à Berlin à M. Paul Cambon, afin qu'il sollicitât M. Gerard, ambassadeur américain à Berlin, de prendre, en cas de guerre, la protection des intérêts français. M. Cambon ne reçut jamais cette dépêche qui fut interceptée par les honnêtes gens bien connus du gouvernement allemand.

Washington et de La Fayette! Myron T. Herrick eut un geste de dégoût. C'était la guerre (1).

Je donnai l'ordre de prévenir M. Poincaré et j'attendis seul, volontairement seul, la visite que, un peu plus tard, me fit annoncer M. de Schoen,.. Seul! Que pouvais-je, en effet, dire, tenter, essayer? Depuis huit jours, nous glissions sur l'âpre chemin et toutes les aspérités nous avaient déchirés à chacun de nos pas. Il fallait attendre, attendre la venue de l'émissaire de violence et de mort, et après lui, l'écrasement ou la victoire, en tout cas, toujours, toujours, quoi qu'il arrivât, l'effroyable hécatombe.

A cette minute suprême, seul en face de la patrie, dans ce cabinet assombri par la tombée du jour, au milieu de la grande ville d'où ne montait aucun murmure, je me réconfortai au contact de la France, si souvent mourante, et cependant immortelle. Elle allait jaillir d'elle-même, de la profondeur des siècles, sûre de son innocence et du courage de ses fils, tenant une fois de plus des peuples le mandat de la justice.

----

(1) Mon ami Myron T. Herrick a bien voulu me faire tenir la note précieuse que voici qui prouve, une fois de plus, l'ardent amour de ce noble cœur pour la France :

« Au moment où ils allaient quitter Paris, les ambassadeurs d'Allemagne et d'Autriche me sollicitèrent de me charger de leurs intérêts, et, étant donnée l'urgence d'une décision, j'acceptai sans attendre l'assentiment de mon gouvernement, sous réserve de son approbation. Les ambassadeurs d'Allemagne et d'Autriche me demandèrent l'un et l'autre de faire hisser le drapeau américain sur leurs ambassades, mais je le refusai. »

J'étais assis, accoudé à ma table, les yeux fixés sur la porte. Elle s'ouvrit. M. de Schoen entra.

Par l'autre porte, M. de Margerie.

M. de Schoen pénétra vite dans le cabinet. Le teint animé de sa figure annonçait la vivacité de ses sentiments. Avant de rejoindre le siège que de la main je lui indiquai, il me dit :

— Monsieur le président, je viens d'être insulté, moi et mon empereur !

Il ajouta :

— Une dame m'a injurié près de ma voiture.

— Vous veniez ici ?

— Oui.

— Vous ne veniez donc pas pour vous plaindre de cet incident ?

— Non.

— Je vous présente mes regrets et mes excuses.

M. de Schoen inclina la tête, et il a depuis, dans ses Mémoires, rendu hommage à ma courtoisie. Je le regardai en lui donnant pour ainsi dire la parole et j'attendis.

Contrairement à ce que M. de Schoen a raconté depuis (et on va voir tout à l'heure l'importance de cette remarque), il ne parla plus ; il lut un document sorti de sa poche.

Le voici :

« Les autorités administratives et militaires alle-mandes ont constaté un certain nombre d'actes d'hos-tilité caractérisée commis sur le territoire allemand

par des aviateurs militaires français. Plusieurs de ces derniers ont manifestement violé la neutralité de la Belgique, survolant le territoire de ce pays; l'un a essayé de détruire des constructions près de *Wesel;* d'autres ont été aperçus sur la région de l'*Eiffel;* un autre a jeté des bombes sur le chemin de fer près de *Karlsruhe* et de *Nuremberg.*

« *Je suis chargé et j'ai l'honneur de faire connaître à Votre Excellence qu'en présence de ces agressions, l'empire allemand se considère en état de guerre avec la France, du fait de cette dernière puissance.*

« *J'ai en même temps l'honneur de porter à la connaissance de Votre Excellence que les autorités allemandes retiendront les navires marchands français se trouvant dans des ports allemands, mais qu'elles les relâcheront si, dans les quarante-huit heures, la réciprocité complète est assurée.*

« *Ma mission diplomatique ayant ainsi pris fin, il ne me reste plus qu'à prier Votre Excellence de vouloir bien me munir de mes passeports et de prendre les mesures qu'elle jugera utiles pour assurer mon retour en Allemagne avec le personnel de l'ambassade, ainsi qu'avec le personnel de la légation de Bavière et du consulat général d'Allemagne à Paris.*

« *Veuillez agréer, monsieur le président, l'expression de ma très haute considération.*

« SCHOEN. »

J'avais naturellement écouté en silence la lecture

du document. Je tendis la main pour le prendre. M. de Schoen me le remit.

Alors je protestai contre l'insanité de cette thèse, contre son injustice. Je rappelai que, bien loin d'avoir permis des incursions sur la terre allemande, la France avait retiré ses troupes de dix kilomètres, que c'était l'Allemagne qui avait assassiné nos soldats, loin de leur frontière et en deçà, et je lui rappelai durement que, la veille, le 2 août, à 9 h. 30 du soir, je lui avais fait remettre la note suivante que j'avais transmise à M. Cambon, pour qu'il la portât à M. de Jagow :

M. René Viviani, président du conseil, ministre des affaires étrangères, à M. Jules Cambon, ambassadeur de France à Berlin.

Paris, le 2 août 1914.

Les troupes allemandes ayant aujourd'hui violé la frontière de l'Est sur plusieurs points, je vous prie de protester sans retard, par écrit, auprès du gouvernement allemand. Vous voudrez bien vous inspirer de la note suivante que, dans l'incertitude des communications entre Paris et Berlin, j'ai adressée directement à l'ambassadeur d'Allemagne :

Les autorités administratives et militaires françaises de la région de l'Est viennent de signaler plusieurs faits que j'ai chargé l'ambassadeur de la République à Berlin de porter à la connaissance du gouvernement impérial.

L'un s'est produit à Delle, dans la région de Belfort : à deux reprises, le poste de douaniers français stationné dans cette localité a été l'objet d'une fusillade de la part d'un détachement de soldats allemands. Au nord de Delle, deux patrouilles allemandes du 5° chasseurs à cheval ont franchi la frontière dans la matinée d'aujourd'hui et pénétré jusqu'aux villages de Joncherey et Baron, à plus de dix kilomètres de la frontière. L'officier qui commandait la première a brûlé la cervelle à un soldat français. Les cavaliers allemands ont emmené des chevaux que le maire français de Suarce était en train de réunir et ont forcé les habitants de la commune à conduire lesdits chevaux.

L'ambassadeur de la République à Berlin a été chargé de protester formellement auprès du gouvernement impérial contre des faits qui constituent une violation caractérisée de la frontière par des troupes allemandes en armes et que rien ne justifie dans l'état actuel. Le gouvernement de la République ne peut que laisser au gouvernement impérial l'entière responsabilité de ces actes.

René VIVIANI.

Il déclara ne rien savoir. Il n'avait plus rien à dire. Moi non plus. Je l'accompagnai à l'extérieur du ministère, jusque dans la cour, et je m'arrêtai sur le palier de la porte en face de la place des Invalides, me rendant compte des mesures de sécurité, qui étaient parfaites.

De sa voiture, M. de Schoen me salua profondément, je m'inclinai et il disparut.

On sait la suite. Il partit le lendemain soir, après s'être fait précéder de ses archives quelques jours auparavant, tellement il était sûr de la paix... Il arriva paisible dans son pays. On sait que, par contre, M. Jules Cambon fut l'objet de traitements infâmes, se vit refuser le départ, la route choisie par lui, dut payer en or, les chèques n'étant pas acceptés, le voyage de l'ambassade, enfermé dans son wagon et cerné par des fusils braqués. M. de Jagow est vraiment un gentleman. Toute la délicatesse de l'Allemagne officielle s'exprima par son digne représentant. Quelques jours après, l'empereur, qui ne peut être dépassé en rien, chez lui, au milieu de son armée, insulta par lettre l'ambassadeur britannique qui venait de réclamer ses passeports. Et dire que c'est ça qui devait conduire le monde !

On a lu la déclaration de guerre...

Sous le prétexte que des avions français avaient survolé Nuremberg, la guerre fut déclarée, la Belgique fut éventrée, la France envahie, le monde retourné sur lui-même, et pour assurer la continuité morale de son histoire sinistre, c'est encore par un faux de l'Allemagne officielle que des millions d'hommes sont tombés.

Cette honte retombe d'abord sur l'empereur, et puis sur ses collaborateurs immédiats, M. de Bethmann, et surtout M. de Jagow, qui a osé transmettre sous son nom, au monde entier, ce suprême outrage à la vérité. On connaît partout la fausseté de la légende. On sait que cette fausseté a été reconnue officiellement par l'Allemagne, que des témoins ont protesté, que jamais aucun avion n'a survolé Nuremberg.

Aussi, il a bien fallu chercher une base plus solide à la déclaration de guerre. On inventa donc la légende accessoire des incursions françaises sur le sol allemand, comme d'ailleurs fut inventée l'autre. M. de Schoen, revenu en Allemagne, essaya d'accréditer la version qu'il avait développée, la déclaration de guerre devant moi, et qu'au cours de ce développement, il s'était plaint des intempéries du temps, susceptibles d'avoir troublé les mots du télégramme et de les rendre inintelligibles pour lui. Or, il n'a jamais pris la parole que pour se plaindre dès le début, et puis pour lire. Seulement, il fallait bien essayer de faire croire que nous avions été, par lui, avertis des lacunes de sa dépêche. Comment l'aurait-il pu faire, d'ailleurs, lui chez moi, en face de moi?

Je lui avais remis, la veille, une note qu'accompagnait une protestation établissant le nombre des incursions meurtrières que les soldats allemands avaient pu faire, et j'avais signalé la mort, à dix kilomètres de notre frontière (ce qui prouve que le recul de dix kilomètres a bien été effectué) du caporal Peugeot. A ce moment, le 3 août, il ne m'a rien dit. On peut comprendre que le gouvernement allemand, devant l'effondrement subit de la légende ignominieuse des avions, ait essayé soudain de la remplacer peu à peu...

Mais M. de Schoen ne pouvait pas dire, le 3 août, que son télégramme soi-disant brouillé pouvait contenir quoi que ce fut de différent, puisque son chef, vers midi, n'en avait même pas parlé à M. Cambon. Cependant, en réponse à ma protestation qu'il avait depuis 9 heures du matin (3 août), et qui énumérait les assassinats accomplis par les soldats allemands, quelle magnifique occasion avait eu M. de Jagow! Rien. Rien. C'est après, quand l'avion fut une chimère, qu'on redescendit sur la terre et qu'on ajusta une nouvelle légende.

Nous allons, une fois de plus, revenir sur ces incidents, quoiqu'ils aient été vidés, afin d'achever l'édification du monde si longtemps trompé, et aussi pour le convaincre une fois de plus du mélange de légèreté et d'improbité dont la méthode diplomatique allemande était imprégnée. On dira ce qu'on voudra : la guerre fut déclarée à la France qui attendait l'arme au pied, à dix kilomètres de sa frontière (où fut trouvé tué le lieutenant allemand Mayer) parce qu'elle avait violé le territoire allemand par les airs et jeté des bombes. Or, voici les faits : Le ministre à Munich télégraphiait, le 2 août (n° 758), à M. de Jagow : « L'information répandue ici, d'après laquelle des aviateurs français auraient jeté des bombes dans les environs de Nuremberg, n'a reçu, jusqu'ici, aucune confirmation. On n'a vu que des avions inconnus, qui ne ressemblaient pas à des appareils militaires. Le lancement de bombes n'est pas établi, et encore moins la nationalité française des aviateurs. » Il faut ajouter à ce témoignage la dépêche publiée le 3 août, de très bonne heure le matin, par la *Gazette de Cologne* : « Le ministère bavarois de la guerre doute de l'exactitude de la nouvelle annonçant que des aviateurs auraient été vus au-dessus des lignes de Nuremberg jetant des bombes sur la voie. — Munich, 2 août. »

On pense si M. de Jagow, qui recevait cette bombe — je veux dire le premier télégramme — sur sa table, fut satisfait. Il avait basé la déclaration de guerre sur plusieurs faux : 1° l'avion de Nuremberg, qui n'a jamais apparu au soleil, et 2° l'avion de Weysel, qui n'a pas paru davantage. Si, pour l'avion de Nuremberg, M. de Jagow a pu lancer une pareille nouvelle alors qu'elle était fausse, on pense au crédit qui lui reste pour affirmer qu'il y a eu un autre avion. Voici la dépêche de M. de Jagow à M. de Schoen (3 août, 10 h. 5) : « Un aviateur français, qui doit avoir survolé le territoire belge, a été abattu quand il essayait de détruire la voie ferrée près de Weysel. » Un enfant n'aurait pas, en 1914, osé écrire une pareille stupidité. Elle fut vite étouffée par M. de Bethmann-Hollweg qui, n'osant ni la confirmer ni la démentir, la noya avec d'autres dans des généralités le 4 août.

En effet, quel était cet aviateur modèle qui, en 1914, avait tenté un vol de 500 kilomètres aller et retour de France à Weysel? Puis, comment ne pas savoir que, ce faisant, il aurait survolé, non la Belgique, mais le Luxembourg, et, de plus, plané sur une ville qui commande les voies se dirigeant sur la frontière hollandaise? (le *Mensonge du 3 août*, p. 193, de M. René Puaux, qui offre de si suggestifs renseignements à l'histoire). Et puis, quel constat a été fait? Ce pilote est mort après un exploit qui, en 1914, eût été magnifique : personne ne l'a su.

Ainsi, il est démontré que la déclaration de guerre repose sur des faux. L'un d'eux est reconnu par l'Allemagne officielle. Ce faux est-il volontaire? M. de Jagow se défend en déclarant que la dépêche de Munich lui fut remise quelques instants après l'envoi de la déclaration de guerre à Paris, mais il se tait sur bien des points. D'abord, comment un homme responsable, à un pareil moment, a-t-il pu, sans contrôle, saisir au vol un bruit pour en faire une dépêche sensationnelle? Quel respect a-t-il pour ses fonctions et pour l'honneur de son pays? Et puis, s'il a reçu le démenti trop tard, il l'a reçu quelques instants après le départ de la déclaration de guerre. Celle-ci venant de partir, il pouvait utilement rectifier... Il n'en a rien fait. Donc, sans contrôle, il avalise devant le monde un mensonge et met la signature de son pays au bas d'un document faux, et, averti après, dit-il, il n'agit pas! Il faut que ce soit la presse, irresponsable, qui proteste!...

On comprend qu'il ait essayé, dans ces conditions, et tout de suite après, de compliquer et de réconforter ses déclarations. Alors, furent amassées les légendes accessoires, contradictoirement avec les faits, des empiètements de patrouilles françaises devant l'impossibilité bien connue des cohortes allemandes. Ob vez que, si cela eût été vrai, M. de Jagow aurait dû, le 3 août, à 9 heures du matin, en possession de ma protestation que lui avait remise M. Cambon contre les incursions allemandes, nous opposer au moins les nôtres. Rien le matin. Voici qui est plus grave : il voit M. Cambon près de midi, il lui parle des avions. Pas un mot des prétendues incursions sur terre ! C'était le moment. Pas un mot. Lorsque M. Cambon eut fait remettre, le 3 août, à 9 heures du matin, la protestation qu'on a lue plus haut, M. de Jagow a dit qu'il n'avait pas eu le temps de la lire. Puis, un peu plus tard, M. Cambon reçoit la visite du même Jagow, et voici les termes que notre ambassadeur emploie : « Lundi matin, 3 août, à onze heures, M. de Jagow vint me voir. Il venait se plaindre d'actes d'agression qu'il prétendait avoir été commis en Allemagne, à Nuremberg et à Coblentz, notamment, par des aviateurs français qui, d'après lui, seraient venus de Belgique. » (Livre jaune, n° 158.) Or, à cette heure, il ne dit donc pas un mot des incursions sur terre, et à deux heures, le même jour, il rédigera, par conséquent, sans en parler, la déclaration de guerre.

On ne trouve dans cette tardive tentative que des allégations erronées. Voici quelques exemples. M. de Jagow nie, le 3 août (716) qu'aucun Allemand ait franchi la frontière. Aussi M. de Bethmann-Hollweg le 4 août. Or, le 4 août, voici ce que télégraphiait le général de Moltke (869) : « Une patrouille du XIVe corps, qui semblait conduite par un officier, a traversé la frontière le 2 août. Elle a été probablement abattue, car un seul homme est revenu. » Le 2 août! C'est le crime de Jonchery, nié par le ministère, avoué par l'armée! Mais, comme la falsification est une habitude, le général de Moltke, dans la même dépêche, accuse la France d'avoir jeté des bombes à Nuremberg. Le 4 août! Il y avait quarante-huit heures que le ministre de Bavière avait anéanti cette nouvelle.

Autre histoire : Une première version allemande accuse des Français d'avoir fait une incursion à Reppe. Le lendemain, elle est omise dans une seconde version, parce que des Allemands ont été faits prisonniers dans cette aventure et que leur présence entre nos mains témoigne de leur crime et de notre légitime défense.

Une autre version nous accuse d'une incursion à Montreux-le-Vieux : celle-là est maintenue, car les Allemands ont pu s'échapper et les témoins manquent.

Autre mensonge : le 3 août, le ministre de l'intérieur à Berlin déclare sérieusement que des automobiles transportant des dames et des millions traversent l'Allemagne dans la direction de la Russie. On excite la presse jusqu'après le commencement de la guerre, et, le 6 août, dans un avis officiel, le ministre dément et ne parle plus que « des soi-disant autos ennemies ». Mais pendant ce temps, l'imagination en délire a pu faire son œuvre.

Et puis, après qu'on a lancé la nouvelle, comme on ne veut pas la démentir, on la dilue, on la noie, on la généralise, on évite les précisions qui rendent la réplique facile. On a vu des patrouilles « sur la route des Vosges ». Quelle localité? Quelle ville? De ces patrouilles, qui a été tué ou capturé? Où sont les débris de l'avion de Weysel? Nous, nous avons fusillé pour nous défendre, et capturé sur notre territoire les soldats agresseurs : voilà nos témoins.

Il ne reste donc que les débris du plus laborieux et du plus audacieux mensonge qu'ait enregistré l'histoire. Mais il reste la guerre. On sait ce qui suivit. On sait ce qu'il advint de la Belgique, l'ignoble ultimatum du 2 août, rédigé le 26 juillet, expédié le 29. Le 26 juillet, comme survenait la réponse serbe, que l'empereur a jugée suffisante, et à laquelle, d'ailleurs, la Belgique était étrangère! On sait la magnifique réponse du peuple militairement faible au soufflet du plus fort, la résistance pour le droit, le respect de la France pour la neutralité et aussi celui de l'Angleterre. « *Nécessité fait loi* », dit M. de Bethmann-Hollweg.

On se souvient que, le lendemain, une entrevue eut lieu entre lui et l'ambassadeur britannique; et le monde n'oubliera pas l'immortelle réplique par laquelle ce dernier rappela à l'honneur le chancelier.

« Pour un chiffon de papier, les deux pays vont donc se battre? »

— « Je vous ferai respectueusement observer que l'Angleterre a une autre conception de l'honneur. »

Pourquoi M. de Bethmann-Hollweg n'a-t-il pas ce jour-là reproché à l'Angleterre et à la France les prétendus projets de violation de neutralité belge qu'il a naturellement inventés quand la victoire lui a paru moins certaine?

Quant à la France, elle était debout, calme, résolue, ayant tout accompli pour éviter la guerre et capable, puisqu'elle était menacée, de faire face au plus haut péril.

Je quittai à 7 h. 15 le ministère, je conférai avec M. Poincaré et retournai à mon domicile, l'ayant toujours, pendant les longs exercices du pouvoir, préféré aux maisons de l'État. Formidable journée que suivraient d'autres journées formidables et qui allait, sans transition, se joindre à une nuit de labeur! Je devais, sur les négociations que j'avais conduites, rédiger la déclaration ministérielle, proclamer le droit de la France, son innocence, son courage, en appeler aux nations et à l'histoire, dénoncer l'Allemagne criminelle et sa complice, et, avant la lutte, la marquer du stigmate que le sang n'a pu laver. Et puis, je devais rédiger un discours pour le lire au tombeau de Jaurès — victime de la folie qu'excitent ces journées terribles — car le grand orateur gisait encore en son humble maison, et, autour du colosse abattu, montaient de sourdes rumeurs et d'éclatants regrets. Il fallait que tout cela se fît.

Veillée d'armes et veillée funèbre dans le cabinet paisible où les livres sévères du droit m'enveloppaient comme pour me protéger à cette heure contre cette orgie de violence!

Au matin, les obsèques de Jaurès furent un deuil public, et si l'Allemagne, comme le laissent croire les

Mémoires, avait compté sur cette mort pour troubler l'esprit public, elle s'était trompée.

L'après-midi, après le Conseil, j'allais à la Chambre quand, à deux heures, un coup de téléphone retentit. M. Paul Cambon, notre ambassadeur à Londres, faisait savoir que le gouvernement anglais autorisait une indication plus ferme que celle qu'il avait permise sur son attitude bienveillante vis-à-vis de la France, et j'ajoutai sur l'heure, à ma déclaration, quelques phrases sur l'accord de 1912.

Quand j'arrivai, la Chambre, debout et magnifique, apporta au président du conseil l'hommage inoubliable de son enthousiasme et de son émotion. Ce n'était pas à moi, c'était à la France auguste qui entrait dans l'arène qu'allaient ces acclamations, et d'avoir porté en ces jours terribles, sans le laisser trembler, son drapeau, sera l'honneur orgueilleux de ma vie.

Le message grave et viril du président de la République, puis ma déclaration, où je fixais la situation de la France, furent unanimement approuvés, aussi bien à la Chambre qu'au Sénat : « Un peuple libre et fort qui soutient un idéal séculaire et s'unit tout entier pour la sauvegarde de son existence; une démocratie qui a su discipliner son effort militaire et n'a pas craint, l'an passé, d'en alourdir le poids pour répondre aux armements voisins; une nation armée luttant pour sa vie propre et pour l'indépendance de l'Europe, voilà le spectacle que nous nous honorons d'offrir aux témoins de cette lutte formidable qui, depuis quelques jours, se prépare dans le calme le plus méthodique. Nous sommes sans reproches. Nous serons sans peur. »

Après, ce fut aux deux Assemblées le vote des lois de guerre. A sept heures, la Chambre allait clore ses travaux. Nos yeux se cherchaient, et aussi nos mains, parce que, insensiblement, s'étaient donnés nos cœurs, et pour le baiser fraternel, les bras des aînés s'ouvraient aux jeunes hommes, dont un enthousiasme viril animait le front. Pouvions-nous ainsi partir?

Je parlais alors à tous ces hommes; je parlais à mon pays, à toute la France, à celle du passé que j'évoquais, à celle de l'avenir que j'invoquais. Il n'est pas vrai que l'orateur crée des sentiments; il les fait jaillir parce qu'ils se trouvent déjà dans le fond de l'âme humaine, et sa puissance est de les trouver et de ne pas être renversé par l'explosion! Ah! ceux qui n'assistèrent pas à cette séance ne sauront jamais à quel point ils furent déshérités par le destin! Ce fut plus que l'unité nationale, celle de nos rois qu'acheva la Révolution. Sur cet arbre dix fois séculaire, au vent de la catastrophe vient éclore la fleur délicate de l'union sacrée.

Nous nous séparâmes. La nuit vint. Elle est d'ordinaire claire et gaie en ces moments de l'été. Elle me parut tragique. Mais quel réconfort pour toutes les âmes que ce jour où la France retrouvait son autel, sa religion, ses soldats, ses martyrs, ses libérateurs. Allons, enfants de la patrie!

Souvent on m'a demandé comment j'avais accueilli

ces heures de détresse et aussi celles qui suivirent, et
Charleroi, et la retraite, et la veille anxieuse de la
Marne, et l'attente, tandis que nous sentions presque
sur nous le souffle de l'envahisseur, comme le chas-
seur qui attend intrépide le bond de la bête déchaînée.
Aucun homme ne peut dire qu'il trouve en lui seul la
force. Le cœur et l'âme et le corps s'y briseraient.
Mais le spectacle de ces jours derniers, l'élan farouche vers la frontière après le silence religieux, la vocation de tout un peuple pour le sacrifice, cette fusion
des hommes qui forçaient la destinée, tout cela ce fut
la ressource suprême et le cordial enivrant.

A partir du 4 août, une sorte de foi mystique s'allu-
mant en nous tous prenait son point d'appui réel sur
l'action quotidienne. Je me dis ce jour-là que la
France ne pouvait pas périr, qu'elle était indispensable au monde comme l'air, la lumière, l'équilibre ter-
restre, l'universelle harmonie.

Et maintenant, elle entrait dans le combat, et, quatre années durant, elle devait avoir en même temps
les pieds dans le sang et la tête plus haut que le
ciel. Elle s'est sauvée et elle a sauvé le monde. Nul
certes, et moi moins que personne, qui ai vu venir près
de nous les premiers soldats alliés, ne disputera sur
la part à faire dans les lauriers. Mais tout de même,
quand s'accordent notre orgueil national et la vérité,
on peut bien satisfaire l'un et l'autre. Eprise de la
liberté, la France lui avait gardé son armature, c'est-
à-dire son armée, car elle savait que tant que des loups
erreront dans la forêt humaine, il faudra préserver

l'idéale figure, vain symbole de la faiblesse si la force n'arme pas son bras!

Pour avoir été clairvoyants et conscients, autant que les moyens matériels l'ont permis, nous avons, comme nos pères, arrêté la ruée germanique au seuil de la civilisation et donné à tous les hommes libres le temps de surgir redoutables et armés.

Fils de nos fils, que ce soit votre titre de noblesse humaine!

CHAPITRE XII

—

LES IMPOSTURES DE L'EMPEREUR

Il suffirait peut-être des témoignages cités par nous au cours de cette rapide étude pour en finir avec la question des responsabilités. D'autant qu'avec une impartialité complète c'est à des sources allemandes, autrichiennes ou bavaroises que nous avons puisé la plupart de ces témoignages, dont l'origine, par conséquent, rend les faits plus accablants.

Nous ne voulons pas cependant passer, sans y répondre, auprès des allégations fantaisistes ou vaines, auprès des silences significatifs et des omissions volontaires dont l'empereur émaille les chapitres qu'il a réservés aux responsabilités. A vrai dire, ce serait peut-être inutile devant le vide de ses affirmations, mais il le faut, ne fût-ce que pour accuser l'inutilité de l'effort impérial.

Ce qui surprend dans ces mémoires, et au premier

chef dans la partie relative aux responsabilités, c'est le souci honteux qu'a le monarque déchu de fuir les responsabilités de sa fonction. Ce document restera pour l'histoire, si toutefois elle s'en préoccupe, non un enseignement, une contribution, un apport à la vérité, une recherche, mais comme un monument d'inconscience et un exemple de lâcheté.

Depuis le début, le plan est tracé. L'empereur n'a rien fait dans son empire et on dirait, à le lire, qu'il régnait sous une tutelle, indifférent ou impassible, étranger à tous les efforts, apte seulement à recevoir, à voyager, à parader, sorte de dauphin auquel est réservé un rôle de théâtre. Il n'est pas un événement dont il ne délègue, s'il ne fut pas heureux, la responsabilité à un autre. Est-ce qu'on le prévenait? Est-ce qu'il était libre? Est-ce que la chancellerie n'était pas, à la fois, vis-à-vis de lui, muette, et, quand il osait parler, sourde?

Bismarck a tout fait, le mal, bien entendu, et son caractère brutal a souvent blessé la pauvre âme, qui se consolait dans la solitude ou dans les voyages. Quant à Caprivi, il semble avoir eu de lui un jugement plus humain, mais Bülow, qui était tout de même apprécié par quiconque a approché les affaires publiques en Europe, lui fut, paraît-il, ennemi. Il ne restait plus, après Hohenlohe, que Bethmann-Hollweg, l'homme du 4 août, le chancelier de la guerre, celui qui a eu l'audace de légitimer, par la nécessité, la violation de la neutralité belge. Il semblait que celui-là, au moins, pour lui avoir obéi, ainsi qu'à l'état-major, devrait être épargné ; il le montre faible, indécis, l'appelle, par dérision, lui qui fut si brave en 1918, le « chancelier civil », et, en même temps, par une cacophonie incompréhensible, lui donne la silhouette du maître d'école, hargneux, incapable d'accepter un avis et imposant toujours le sien. C'est l'abandon de tout et de tous, la fuite éperdue, plus écœurante encore, que celle de novembre 1918, s'il est possible.

A qui donc l'ex-empereur espère-t-il faire croire que dans toute l'Allemagne il n'y a qu'un homme qui soit innocent, et que ce soit lui ?

Sa décision arrêtée, en pleine jeunesse, en pleine inexpérience, quand il assumait depuis deux ans, à peine, la terrible servitude du pouvoir, de chasser Bismarck, le formidable artisan de l'unité allemande, le compagnon de son grand-père, montre, au contraire, son désir ardent, et réalisé, de faire régner une volonté souveraine et sans contrôle. A trente-deux ans, il exécute un des hommes de fer de l'histoire et puis, à mesure que s'affirme son autorité, le voilà qui deviendrait le jouet des chanceliers qu'il a appelés, qui lui doivent leur élévation ? L'ex-empereur a trouvé l'occasion paradoxale de faire, dans leur répugnance commune pour de pareils procédés, l'union des Allemands et des Français.

Il suffirait, d'ailleurs, à défaut de ces souvenirs en si violente contradiction avec ses affirmations, de relire les documents que Karl Kautsky mit au jour, l'ensemble des dépêches scélérates, l'œuvre de mort dans sa préparation et son exécution, ce livre dont les 838 documents cachés jusque-là ont fini par submerger les 32 documents de la première heure.

On dirait vraiment que l'empereur ne les a pas lus !

Or, il les a lus, puisqu'il les a annotés ! Et de quel style ! Nous ne pouvons reprendre ici toutes ces opinions émises la plume à la main, destinées sans doute au coffre-fort muet, fermé devant l'histoire et qui ont surgi un jour pour la honte de leur écrivain.

La langue en est dure et quelquefois ordurière. Prenons quelques exemples :

DÉPÊCHES	ANNOTATIONS DE L'EMPEREUR
Vienne, 30 juin 1914.	
Dépêche de l'ambassadeur allemand à Vienne.	
DOCUMENT ALLEMAND N° 7.	
...Ici, j'entends même des gens sérieux exprimer le désir de régler enfin définitivement les comptes avec les Serbes. On devrait poser aux Serbes une série de conditions et, au cas où ils ne les accepteraient pas, procéder d'une manière énergique. Je profite de toute occasion de ce genre pour déconseiller tranquillement, mais sérieusement, des mesures précipitées.	*Maintenant ou jamais !* *Qui l'a chargé de cela ? C'est très bête ! Cela ne le regarde pas du tout. C'est exclusivement l'affaire de l'Autriche de voir ce qu'elle compte faire.*

DÉPÊCHES

ANNOTATIONS
DE L'EMPEREUR

Vienne, 10 juillet 1914.

*Dépêche de l'ambassadeur
allemand à Vienne.*

DOCUMENT ALLEMAND
N° 29.

Sa Majesté a discuté la situation avec le plus grand calme. Puis Elle a exprimé ses vifs remerciements pour l'attitude de notre auguste souverain et du gouvernement impérial, et a déclaré qu'Elle partageait maintenant complètement notre opinion; qu'Elle estimait comme nous qu'il fallait aboutir à une décision pour mettre fin à l'état de choses intolérable en Serbie.

Comme le mémoire de Sa Majesté date de près de quinze jours, cela dure très longtemps. Cependant ce mémoire n'avait été rédigé que pour exposer les motifs de la décision.

Vienne, 14 juillet 1914.

*Dépêche de l'ambassadeur
allemand à Vienne.*

DOCUMENT ALLEMAND
N° 49.

...Le comte m'a dit qu'il avait été l'homme qui avait toujours conseillé la prudence, mais que chaque jour l'avait confirmé dans l'opinion que la monarchie devait en venir à une résolution

<table>
<tr><td align="center">DÉPÊCHES</td><td align="center">ANNOTATIONS
DE L'EMPEREUR</td></tr>
</table>

énergique pour prouver sa vitalité et mettre fin à l'état de choses intolérable qui régnait dans le Sud-Est.

Assurément.

...En ce qui concerne le moment de la remise à la Serbie, il a été décidé qu'il était préférable d'attendre le départ de M. Poincaré de Saint - Pétersbourg, c'est-à-dire le 25...

C'est bien dommage.

Thérapia, 21 juillet 1914

Dépêche de l'ambassadeur allemand à Constantinople.

DOCUMENT ALLEMAND
Nº 55.

...Non seulement la Bulgarie, mais aussi la Roumanie et la Turquie se placeraient sans réserve aux côtés de la Triple Alliance si l'Autriche donnait une leçon sévère à la Serbie...

Nous voulons le rappeler à ces messieurs à l'heure propice.

Londres, 24 juillet 1914

Dépêche de l'ambassadeur allemand à Londres.

DOCUMENT ALLEMAND
Nº 137.

...Mais il doutait beaucoup qu'il fût possible au

Ce serait très désirable.

DÉPÊCHES

gouvernement russe de recommander au gouvernement serbe l'acceptation sans réserve des exigences autrichiennes : un État qui accepterait de pareilles conditions cesserait de compter au nombre des États indépendants. Il lui était difficile à lui, sir Edward Grey, de donner en ce moment des conseils à Pétersbourg...

Pétersbourg, 25 juillet 1914

Dépêche de l'ambassadeu. allemand à Pétersbourg.
Nº 160.

...La Russie sait ce qu'elle doit au principe monarchique et il ne s'agit pas du tout ici de principe.

Berlin, 25 juillet 1914.

Dépêche du secrétaire d'État des affaires étrangères à l'empereur.

DOCUMENT ALLEMAND
Nº 169.

...Le texte de la note autrichienne était rédigé d'une manière si agressive et si maladroite que l'opinion publique de l'Europe et celle de

ANNOTATIONS
DE L'EMPEREUR

Ce n'est pas un État au sens européen du mot, c'est une bande de brigands!

Elle ne le sait plus depuis sa fraternisation avec la République socialiste française.

Il a voulu filouter en Albanie et l'Autriche s'est hérissée.

<table>
<tr><td>

DÉPÊCHES

—

l'Italie seraient contre l'Autriche, et qu'aucun gouvernement italien ne pourrait la combattre...

...Mon impression est que la seule possibilité de maintenir l'Italie dans l'Alliance est de lui promettre à temps des compensations si l'Autriche procède à des prises de possessions territoriales ou à l'occupation du Lowcen.

Londres, 1ᵉʳ août 1914

Dépêche de l'ambassadeur allemand à Londres.

DOCUMENT ALLEMAND
Nº 596.

Sir Edward Grey vient de me lire la déclaration suivante, qui a été adoptée à l'unanimité par le cabinet :

...Quand je lui demandai si, à la condition que nous respecterions la neutralité belge, il pourrait me donner une déclaration précise de

</td><td>

ANNOTATIONS
DE L'EMPEREUR

—

Blague!

Le petit voleur veut toujours avaler quelque chose en même temps que les autres.
Intentions!

Le galimatias de ce Grey montre qu'il ne sait absolument pas ce qu'il faut faire. Nous attendrons maintenant la décision de l'Angleterre. Je viens d'apprendre que l'Angleterre vient de couper le câble d'Emden. C'est une mesure de guerre, alors qu'elle négocie encore!

</td></tr>
</table>

DÉPÊCHES

ANNOTATIONS
DE L'EMPEREUR

—

neutralité de la Grande-Bretagne, le ministre me répondit que cela ne lui était pas possible, mais que cette question jouerait un grand rôle dans l'opinion publique d'ici.

…Il s'était aussi demandé s'il ne serait pas possible pour nous, et pour la France, au cas d'une guerre russe, de rester armés en présence l'un de l'autre sans nous attaquer. Je lui demandai s'il était en mesure de me déclarer que la France accepterait un pacte de cette nature.

C'est donc une fourbe canaille !

Le gaillard est fou ou idiot ! En outre, les Français ont commencé la guerre et violent le droit des gens par les lancements de bombes de leurs aviateurs.

Mon impression est que M. Grey est une canaille fourbe qui a peur de ses propres vilenies et de sa politique de mensonge, qui ne veut pas prendre ouvertement parti contre nous, mais qui veut y être obligé par nous.

Rome, 1er août 1914

Dépêche de l'ambassadeur allemand à Rome.

DOCUMENT ALLEMAND N° 810.

…Il ne cessa de répéte les raisons d'ordre intérieu qui s'opposaient ici à la participation à la guerre…

…Par un homme de confiance de M. Barrère, j'apprends secrètement que M. Barrère aurait déclaré que le gouvernement italien aurait fait des démarches

Coquin ! Le roi ne m'a même pas encore répondu.

DÉPÊCHES

pour se rapprocher du gouvernement anglais. Peut-être qu'en dépit du démenti du marquis de San Giuliano on est déjà entré en conversation avec l'Angleterre.

Rome, 4 août 1914.

Dépêche de l'ambassadeur allemand à Rome. ..

DOCUMENT ALLEMAND N° 850.

...Même un partisan de la Triple-Alliance comme Giolitti, qui vient de revenir ici est d'avis que le *casus fœderis* n'existe pas, que le pays a besoin de tranquillité et doit rester neutre, vu qu'il n'est aucunement tenu à prêter un concours actif.

Berlin, 25 juillet 1914.

Dépêche du chancelier de l'empire à l'empereur.

DOCUMENT ALLEMAND N° 182.

Le chef d'état-major de la marine m'informe que Votre

ANNOTATIONS
DE L'EMPEREUR

Alors, si nous ne respectons pas la neutralité de la Belgique, l'Angleterre nous attaque et l'Italie se détache de nous. Voilà la situation en deux mots!

Alors nos alliés nous trahissent aussi!

Incroyable coquin!

Il est incroyable qu'on me prête ces intentions!

DÉPÊCHES	ANNOTATIONS DE L'EMPEREUR

Majesté, en tenant compte d'un télégramme de Wolff, a donné à la flotte l'ordre de se préparer rapidement à rentrer dans les ports allemands...

Inouï ! Je n'en aurais jamais eu l'idée !!! Après que mon ministre m'a annoncé la mobilisation à Belgrade ! Celle-ci peut entraîner la mobilisation de la Russie; elle aura pour conséquence la mobilisation de l'Autriche ! Dans ce cas, il faut que je concentre mes forces sur terre et sur mer. Dans la Baltique, il n'y a pas un seul navire de guerre !!! Je n'ai pas l'habitude, du reste, de prendre mes mesures militaires d'après un télégramme de Wolff, mais en tenant compte de la situation générale, et c'est ce que le chancelier civil n'a pas encore pu comprendre.

Londres, 29 juillet 1914.

Dépêche de l'ambassadeur allemand à Londres.

DOCUMENT ALLEMAND N° 388.

Sir Edward Grey vient de me faire appeler auprès de lui. Le ministre était absolument calme, mais très sérieux, et me reçut en me disant que la situation devenait de plus en plus tendue...

Le trait le plus fort et le plus inouï de pharisaïsme anglais que j'aie jamais vu ! Avec de pareilles crapules je ne ferai jamais une convention sur la flotte !
Au lieu de la médiation, un avertissement sérieux à

DÉPÊCHES

ANNOTATIONS
DE L'EMPEREUR

...Mais la nécessité d'une médiation lui paraissait urgente si l'on ne voulait pas en venir à une catastrophe européenne...

Pétersbourg et à Paris, portant que l'Angleterre ne les aidera pas, apaisera immédiatement la situation.

L'Angleterre se découvre en ce moment où elle est d'avis que nous sommes traqués dans une chasse aux épouvantails et que notre sort est pour ainsi dire réglé. La vile canaille de boutiquiers a cherché à nous tromper par des dîners et par des discours. La plus grossière tromperie consiste dans les paroles que le roi m'a adressées par l'intermédiaire d'Henri : « We shall remain neutral and try to keep out of this as long as possible. » Grey inflige un démenti au roi et les paroles qu'il a adressées à Lichnowsky découlent de ses remords, vu qu'il a eu le sentiment de nous avoir trompés. En même temps, c'est une menace jointe à un bluff pour nous détacher de l'Autriche, empêcher la mobilisation et rejeter sur nous la responsabilité de la guerre. Il sait très bien que s'il disait un seul mot sérieux, énergique, à Paris et à Pétersbourg, et les invitait à la

<table>
<tr><td>DÉPÊCHES</td><td>ANNOTATIONS
DE L'EMPEREUR</td></tr>
</table>

neutralité, tous deux reste-
raient immédiatement tran-
quilles. Mais, au lieu de
cela, il nous menace! Igno-
ble drôle! Vile merde de
chien! L'Angleterre seule
porte la responsabilité de la
guerre ou de la paix et ce
n'est plus nous! Il faut l'éta-
blir publiquement!

DOCUMENT ALLEMAND N° 401.

C'est la terrible situation
toute nue qui a été lente-
ment et sûrement tramée par
Edouard VII, continuée sys-
tématiquement, élaborée par
des conversations démenties
de l'Angleterre avec Paris et
Pétersbourg, finalement ame-
née à sa conclusion par
George V, et qui sera mise
en œuvre. Ainsi, la bêtise
et la maladresse de notre allé-
liée serviront de corde pour
nous étrangler... Opération
grandiose qui provoque
l'admiration même de celui
dont elle cause la perte!
Edouard VII, après sa
mort, est encore plus fort
que moi, qui vis!... Et nous
nous sommes engagés dans
la nasse... Maintenant tous

DOCUMENT ALLEMAND N° 401.

> *ces agissements doivent être découverts sans pitié et le masque du pacifisme chrétien doit lui être publiquement arraché, et cette hypocrisie de paix pharisaïque doit être mise au pilori ! ! ! Et nos consuls de Turquie et dans les Indes, nos agents, etc., doivent provoquer une insurrection sauvage de tout le monde musulman contre ce peuple de boutiquiers odieux, menteurs, sans conscience; car, même si nous devons être saignés à blanc, l'Angleterre doit tout au moins perdre l'Inde.*

On peut avoir, par cet aperçu, et nous n'avons pas tout relevé, une impression de ce qu'a été l'empereur quand il écrivait dans le silence du cabinet, quand il croyait que ses écrits resteraient à jamais inconnus, et une autre impression, maintenant qu'on est en présence de Mémoires publics.

Comment l'empereur peut-il essayer de faire croire qu'il a été, pour ainsi dire, mené sans rien savoir, quand, de son propre aveu, il a annoté toutes les dépêches dans des termes à la fois impérieux et outrageants pour ceux qui ne paraissaient pas comprendre sa volonté?

Il excite, il empêche l'apaisement, il contraint ses

ambassadeurs au silence quand ils veulent parler. Il empêche son ambassadeur à Vienne de préconiser l'apaisement et considère qu'il n'est jamais trop tôt pour frapper la Serbie, et puis, comme un énergumène dont on entend les cris à travers les cloisons, le voilà qui outrage l'Angleterre, qui outrage l'Italie, qui menace le monde!

Comment, après avoir écrit ces choses et sachant qu'elles sont connues, peut-il avoir l'audace de se présenter aux yeux de tous comme l'homme doux et tranquille qui visitait les musées, admirait les antiquités, n'avait de goût que pour les voyages et apprenait, après tout son empire, ce qui s'était passé? Ce n'est pas seulement le mensonge, c'est l'inconscience dans le mensonge, puisque l'homme qui écrit cela sait que depuis trois ans sa véritable nature est apparue, qu'il ne peut pas la faire disparaître. On calcule après cela le degré de crédit que l'on peut ajouter aux affirmations de cet homme, comment on peut le croire, comment il rapporte ou comment il narre, et quelle confiance peut avoir le lecteur dans ses affirmations.

L'homme resterait d'ailleurs responsable, même s'il n'avait pas quotidiennement détenu, de par sa fonction suprême, le droit souverain qu'il prétendait tenir de Dieu, qu'il exerçait loin et au-dessus des hommes, méprisant la terre et s'égalant au ciel.

Que dit-il en ses Mémoires pareils aux balbutiements de l'accusé, qui voit sur la table du prétoire les pièces à conviction, qui sent venir vers lui le murmure encore confus des témoins, qui sait qu'on sait et qui doit répondre? Il dit qu'il aurait voulu être jugé par un tribunal de neutres, par exemple à la Haye, et qu'il n'a pas accepté le verdict des nations associées par la victoire.

Vraiment, la moquerie dépasse la mesure, et, s'il est un homme qui ne devrait pas aborder la plaisanterie, sans comprendre que sa situation ne l'y autorise pas, c'est bien lui.

On pourrait d'abord lui rappeler les traditions de l'Allemagne, celles qui nous furent imposées en 1871. Nous avons subi le traité de Francfort qui, pour une guerre de cinq mois, sans comparaison possible avec celle-ci nous imposait une indemnité de cinq milliards, singulièrement haute dans la valeur de l'argent d'aujourd'hui, ordonnait l'occupation de nombreux départements jusqu'au payement, nous ravissait l'Alsace et la Lorraine. A quel tribunal le grand-père de l'empereur déchu a-t-il appelé le peuple français?

Ne pouvant se refuser à répondre, avec le monde civilisé, à l'initiative prise en 1898 par le tsar Nicolas, il a mis tout en œuvre pour faire échouer la noble et tardive entreprise de la Haye; ses envoyés obscurcissaient le débat, l'enrayaient de leurs lourdes analyses, remettaient tout en question.

A la veille de la guerre, quand tout pouvait encore être sauvé (car les mobilisations sont des mesures de défense lorsque, comme celle de la Russie, elles sont accompagnées d'un appel à la paix), quand l'empereur Nicolas lui adressa un suprême appel le 29

juillet, en le priant, dans l'intérêt du monde, de laisser arbitrer la difficulté par la cour de la Haye, il ne
répondit pas un mot. Dans la dépêche menaçante et
qui détermina la mobilisation russe, par laquelle il
répondit à ce suprême appel de paix, il ne fit pas
une allusion à la proposition. Il nous dit qu'il était
trop tard. Le monde apprendra avec une stupéfaction
douloureuse que le 30 juillet il était trop tard pour
arrêter les préparatifs militaires par une convocation
de la cour de la Haye.

Mais il eut tellement honte de sa propre dépêche
qu'il n'en fit aucune mention. Et voici maintenant
que le sinistre paladin vient nous dire que pour son
auguste personne, la haute juridiction est compétente,
quand pour la cause de la paix elle devait fermer ses
portes.

Il ne l'a d'ailleurs jamais sollicitée qu'en ce jour
tardif, où il écrit au bord des tombes qu'il a ouvertes.
Mais tout de même, on peut se demander, avec stupéfaction, ce qu'il aurait répondu s'il avait comparu,
en prenant pour texte les puérils Mémoires dont il
vient de nous doter. On peut supposer qu'il n'aurait
pas dit autre chose, puisqu'en 1922 il nous réserve
la cacophonie lamentable et le texte plus lamentable
encore de ses écrits. Il eût trouvé le moyen d'être ridicule en même temps qu'odieux. Faut-il répondre aux
niaiseries accumulées dans ce livre?

L'attaché naval à Tokio signale, en avril 1914, et
quelques attachés militaires en Russie signalent, en
mars 1914, des propos desquels il résulterait que la

guerre va éclater; et des officiers japonais, dans des mess, ont tenu pareils propos à la même époque. N'est-ce pas une dérision que des paroles incontrôlables, défigurées ou inventées, qui même vraies n'engagent personne, peuvent être considérées comme des causes de guerre? Et dans les mess bruyants, arrosés de beuveries et résonnants de chansons des officiers allemands, qu'y disait-on à ce moment et même longtemps auparavant? Evidemment, on y envisageait la paix idyllique en augmentant en 1912 et 1913 l'armée déjà colossale.

Et le plan d'invasion de 1913 adressé à l'empereur par l'état-major, prévoyant l'entrée en Belgique, c'était un propos de table, n'est-ce pas?

Maintenant deux femmes, dont on ne sait si elles ont ou non disparu dans la tourmente, les filles du roi de Monténégro, des princesses russes, ont dit à M. Paléologue, ambassadeur de France à Saint-Pétersbourg, le 23 juillet 1914, que leur père avait annoncé qu'une guerre était possible. C'était le moment où l'empereur d'Allemagne et l'empereur d'Autriche avaient rédigé, de concert, l'ultimatum outrageant à la Serbie, sachant que ce serait la guerre et l'ayant envisagée le 5 juillet. N'y avait-il donc que des femmes qui parlassent de guerre le 22 juillet?

Et je fais grâce des faits relatés au Caucase dans un rapport américain de 1915 et aussi de la suprême stupidité : « Les Allemands ont trouvé en France, en 1915, des vêtements militaires anglais transportés, dit l'empereur, de longue date, ce qui prouve que l'Angleterre et la France étaient d'accord pour combattre l'Allemagne. »

Est-il possible de répondre à tout cela?

Bien entendu, l'empereur d'Allemagne relate, pour la vingtième fois, que l'empereur de Russie, impressionné par ses dépêches, avait donné l'ordre de démobiliser le 29 juillet et que le chef d'état-major a désobéi.

Les faits ne se sont pas passés comme le raconte le kaiser. Dans la soirée du 29 juillet, en présence des préparatifs accrus à chaque heure de l'Allemagne et pour prendre des garanties contre la mobilisation autrichienne, une mobilisation allait être prescrite en Russie.

Très tard, dans la soirée, avant que l'état-major russe ait envoyé par télégramme les ordres, le tsar donna contre-ordre et la mobilisation fut réduite à quelques arrondissements militaires.

L'ordre du tsar, témoignage de son amour pour la paix, a-t-il été transmis? Il n'y a aucun doute. Les Allemands le reconnaissent si bien que, rendant indirectement hommage au tsar, ils disent que cet ordre a été transgressé. Sur ce point, un démenti formel et autorisé — puisqu'il émane de Dobrowsky, ancien chef de la mobilisation à l'état-major russe — a été donné et se trouve contenu dans un document nouveau publié par une revue russe de Serbie, traduite en allemand sous le titre *Die Russische Mobilisation*. Le général, bien placé pour tout connaître, déclare formellement qu'il est faux qu'aucune désobéissance ait eu lieu. Il ajoute qu'il ne serait venu à l'esprit de personne de se la permettre. D'ailleurs, demande-t-il, comment aurait-on pu cacher au tsar l'inexécution de ses ordres? (Voir chapitre précédent, « L'ultimatum à la Russie ».)

Voilà donc, élucidée par le principal — et on peut dire par l'unique témoin — la question. La falsification des faits est prouvée. Le kaiser nous a fourni l'occasion de mettre fin à la légende colportée par l'Allemagne. Grâce à lui, la bonne foi et le désir de paix du tsar apparaissent comme plus forts.

Mais il ne nous plaît pas de répondre seulement à ces Mémoires. Et nous allons aller au-devant de la vérité.

Les actes accomplis par les gouvernements alliés sont connus, et il n'y a pas de paroles défigurées ou de bruits colportés ou de fabrication de documents par le faux brutal ou par l'arrangement discret qui pourront détruire le faisceau lumineux des efforts tentés pour sauver la paix. Il faut prendre ces actes à leur début, vers le courant de juillet; il faut les suivre dans le mois fatal, liés les uns aux autres, comme l'histoire le fait. Ce n'est pas le 29, le 30, le 31 juillet ou le 1ᵉʳ août que la guerre a éclaté; mais bien avant elle était prête, recouverte de son armure, attendant dans l'ombre.

Nous verrons tout à l'heure que si les empires centraux furent criminels et responsables à la dernière minute, dans la commotion née de leur action, ils le furent encore plus au début par la sournoiserie, l'hypocrisie, la malhonnêteté et la déloyauté avec lesquelles ils ont agi.

Nous avons essayé de rassembler dans un tableau, afin qu'il soit comme un résumé exact, quoique incomplet, les actes principaux qui furent accomplis. Qu'ont fait l'Angleterre, la France et la Russie, si ce n'est que de se rapprocher par une action médiatrice qui fut arrêtée par l'Allemagne et cela dès le jour où l'envoi de l'ultimatum à la Serbie fut connu?

1° Le gouvernement anglais recommande au gouvernement serbe, qui l'écoute, une grande modération dans la réponse. (Livre bleu, n°ˢ 12, 15 et suiv.) ;

2° Le gouvernement anglais sollicite l'élargissement du délai (Document allemand, n° 157), en faisant valoir que la brièveté de ce délai rend la guerre inévitable. M. de Jagow fait de cette requête un rapport incomplet à l'empereur. L'Autriche refuse énergiquement le délai réclamé par tous. L'Allemagne, de son côté, refuse le projet de conférence à quatre (Allemagne, France, Italie, Angleterre), sous le prétexte que l'Autriche ne peut être jugée par un tribunal européen. (Documents allemands, n° 248) ;

3° Désireux qu'une conférence, sous une forme quelconque, se tienne, devant l'échec de la proposition des négociations à quatre, lord Grey, d'accord avec la Russie et la France, accepte une conversation privée entre la Russie et l'Autriche. (Livre bleu, n°ˢ 45, 74 et suiv.) Réponse : Déclaration de guerre de l'Autriche à la Serbie, malgré la réponse satisfaisante, et refus de l'Autriche de causer;

4° La Serbie étant envahie, lord Grey, d'accord avec la Russie et la France, accepte que les armées autrichiennes occupent la Serbie dans l'endroit où elles se trouvent et de là fassent connaître leurs conditions, lesquelles seraient transmises aux puissances et recommandées par elles à la Serbie, pourvu que l'indépendance et l'intégrité de ce pays soient respectées. (Livre bleu, n°° 88, 98 et suiv.) Réponse : L'Autriche résiste à toute tentative;

5° Le gouvernement anglais, le 31 juillet, soutient la nécessité des pourparlers austro-russes, commencés le 31 juillet, cherche à réussir en donnant satisfaction à l'Autriche, et soutient que, dans ces conditions, on pourrait inviter la Russie à suspendre ses préparatifs. (Livre bleu, n°° 110, 111 et suivants.)

6° Comme suite à son action, par dix-sept dépêches envoyées le 1ᵉʳ août à toutes les chancelleries, à cette date suprême où fut déclarée la guerre à la Russie, lord Grey réclame une entente entre les différentes nations. Réponse : la guerre déchaînée par l'Allemagne et l'Autriche.

Que faut-il ajouter à cela? Ce qu'a fait la Russie? Eh bien, voyons les actes du gouvernement russe :

1° Après entente avec sir Edward Grey et avec la France, au milieu du sentiment slave exalté, dans une Russie menacée, le gouvernement russe a prêché l'apaisement à la Serbie et, dès le premier jour, recommandé une réponse qui pût satisfaire l'Autriche;

2° Dès le 26 juillet, après avoir réclamé comme

nous l'élargissement du délai, il demande que l'ambassadeur autrichien à Pétersbourg puisse directement causer avec lui (Livre orange, nᵒˢ 38, 45 et suivants). Réponse : guerre de l'Autriche à la Serbie;

3° Il ne se décourage pas et appuie la proposition Grey (Livre orange, nᵒˢ 32 et 49).

4° Si la conversation privée de la Russie avec l'Autriche n'est pas acceptée, la Russie attend les propositions des puissances (Livre bleu, nᵒˢ 55, 78 et suivants, Livre orange, n° 32) ;

5° Le tsar recommande le calme, demande le calme, le 27 juillet, au roi de Serbie;

6° Le tsar, le 29 juillet, propose à l'empereur l'arbitrage de la Cour de la Haye : aucune réponse;

7° Le 30 juillet, M. Sazonoff dicte à M. de Pourtalès, ambassadeur d'Allemagne à Pétersbourg, une formule transactionnelle et s'engage à suspendre les préparatifs de défense (Livre orange, n° 60). Réponse : M. de Jagow refuse de transmettre cette formule à l'Autriche;

8° M. Sazonoff va même jusqu'à admettre, avec Grey et nous, l'occupation de la Serbie par les troupes autrichiennes, en demeurant dans l'expectative (Livre orange, n° 67) ;

9° Le 31 juillet, il accepte la conversation avec l'Autriche et télégraphie en ce sens à Londres. (Livre bleu nᵒˢ 110 et suivants) ;

10° Le 1ᵉʳ août, après avoir reçu la déclaration de guerre de l'Allemagne, le gouvernement russe demande encore à négocier, pourvu que le territoire

russe soit respecté, ajoutant que la Russie n'attaque-
rait pas (Livre bleu, n° 139) ;

11° Ce jour-là même, sur sa demande, la Russie
déclare qu'elle ne fera aucune action provocatrice tant
que les conversations avec l'Autriche, qui viennent
d'êtrè reprises, continueront. (Livre blanc, n°ˢ 12,
13 et suivants.)

Voilà ce qu'a fait la Russie... Et la France?

La France a adhéré de toute son âme, quand elle
n'a pas pris elle-même l'initiative, aux initiatives de
l'Angleterre et de la Russie.

Avant de mettre en lumière quelques-uns de ses
actes, je rappelle que leur principal témoin, celui qui
les surveillait de près, M. de Schoen, ambassadeur
d'Allemagne à Paris, leur a rendu dans ses dépêches un éclatant hommage. Il a fait plusieurs fois
savoir à son gouvernement nos efforts pour la paix.

Au reste, ces efforts, les voici :

1° Dès le 24 juillet 1914, à 1 heure du matin, je
télégraphiais pendant le voyage de Cronstadt à
Stockholm au ministre des affaires étrangères français, afin qu'il inspire, par notre ambassadeur, à l'Autriche plus de calme et qu'il recommande à l'Angleterre la médiation à quatre, afin de dénouer pacifi-
quement le conflit. (Livre jaune, n° 22) ;

2° La France adhère à la proposition de sir
Edward Grey ;

3° Le gouvernement français adhère à la demande
d'élargissement du délai accordé à la Serbie. (Livre
jaune, n° 29) ;

4° Il renouvelle sa demande le 27 juillet. (Livre jaune, n° 61);

5° Même demande le 29 juillet. (Livre jaune, n° 85);

6° Le 29 juillet (n° 97), la France insiste à Londres pour que sir Edward Grey renouvelle, sous la forme qu'il juge opportune, la médiation des quatre puissances;

7° Le 30 juillet (n° 101), le gouvernement français recommande à la Russie, si elle doit faire des préparatifs de défense contre la mobilisation autrichienne, qui est accomplie, de ne donner aucun prétexte à l'Allemagne pour intervenir;

8° Le 30 juillet, télégramme à l'Angleterre pour lui apprendre que le gouvernement français vient de donner l'ordre de faire reculer à dix kilomètres en dçà de la frontière les troupes françaises;

9° Le 31 juillet (n° 112), le gouvernement français recommande à tous les ambassadeurs d'appuyer la proposition anglaise de médiation à quatre;

10° Le 1ᵉʳ août 1914 (n° 122), la France renouvelle son assurance de respecter la neutralité belge.

Que faire de plus? Et pourquoi tout cela n'a-t-il pas abouti? Nous allons répondre à cette question sous la forme la plus claire et la plus précise, en traçant une série de tableaux qui s'appuieront sur tous les documents en cause et qui établiront, date par date, et jour par jour, les principales responsabilités de l'Allemagne et de l'Autriche.

CHAPITRE XIII

LES RESPONSABILITÉS DE L'ALLEMAGNE

Les responsabilités de l'Allemagne sont lointaines et récentes; elles embrassent le passé et le présent; elles sont militaires, politiques, diplomatiques.

Dans un premier tableau, nous allons relever les responsabilités de l'Allemagne dans la période qui fut antérieure à la guerre. Dans un second tableau, nous relèverons celles qui lui incombent dans la période précédant immédiatement la guerre.

PREMIER TABLEAU

Période antérieure à la guerre de quelques années

1° Voici les préparatifs tenaces, persistants, par lesquels l'Allemagne a préparé la guerre :

Le 13 avril 1905, le Reichstag votait, pour une période de six années, une nouvelle loi militaire portant ouverture d'un crédit non renouvelable de 87 millions et d'un crédit supplémentaire annuel de 39 millions pour les dépenses de guerre;

Le 7 mars 1911, le Reichstag votait pour cinq ans, sur le budget de la guerre, un supplément de crédit non renouvelable de 103 millions et un crédit supplémentaire annuel de 27 millions.

Le 14 juin 1912, le Reichstag votait un nouveau crédit non renouvelable de 180 millions et un nouveau crédit supplémentaire annuel de 55 millions;

Le 3 juillet 1913, le Reichstag votait un crédit non renouvelable de 1 milliard 105 millions et un nouveau crédit supplémentaire annuel de 228 millions;

Durant la même période, le Parlement français votait, le 21 mars 1905, un crédit supplémentaire annuel de 21 millions, et, le 26 mars 1914, par la nécessité de parer en partie à la menace que constituait l'ouverture des formidables crédits votés depuis 1904, et, notamment, en 1913, par le Reichstag, un supplément permanent de 257 millions de francs au budget de la guerre et un crédit non renouvelable de 720 millions;

Ainsi se trouvent établies, par les dates et les chiffres, au commencement de 1914, les tendances respectives des deux pays;

2° Le 2 avril 1913, rapport général de l'état-major allemand, plan de guerre :

« Il faut faire pénétrer dans le peuple l'idée que nos armements sont une réponse aux armements et à la politique française. Il faut l'habituer à penser qu'une guerre offensive de notre part est une nécessité pour combattre les provocations de l'adversaire. Il faudra agir avec prudence pour n'éveiller aucun soupçon et éviter les crises qui pourraient nuire à notre vie économique (1). Il faut mener les affaires de telle façon que sous la pesante impression d'armements puissants, de sacrifices considérables, et d'une situation politique tendue, un déchaînement (Losschlagen) soit considéré comme une délivrance, parce qu'après lui viendraient des décades de paix et de prospérité comme après 1870. Il faut préparer la guerre au point de vue financier : il y a beaucoup à faire de ce côté-là. Il ne faut pas éveiller la méfiance de nos financiers, mais bien des choses cependant ne pourront être cachées. »

. . . .

(1) M. Maurice Reynaud, ministre des colonies dans mon cabinet, quelques jours après la Déclaration de guerre, me fit savoir qu'un poste allemand venait de se révéler.

Chose singulière et bien explicable ! Ce poste n'avait rien émis avant la Déclaration de guerre : il a fonctionné le lendemain, avec une puissance double que celle de la Tour Eiffel et correspondait directement avec Berlin. Son rayon d'action s'étendait à l'Atlantique, au Pacifique, à l'Océan Indien.

Sur l'ordre des gouvernements français et britannique, le 25 août, le poste était pris ; mais en se retirant, les défenseurs le firent sauter. Ce fut une perte pour l'Allemagne. Mais, si la guerre n'avait pas été prévue, de longues années avant 1914, à quoi bon ce poste formidable ?

« Au sud, la Suisse forme un boulevard extrêmement solide. On ne peut considérer de même la situation des petits Etats de notre frontière nord-ouest. Là ce sera pour nous une question vitale, et le but vers lequel il faudra tendre, c'est de prendre l'offensive avec une grande supériorité dès les premiers jours. Pour cela il faudra concentrer une grande armée suivie de fortes formations de landwehr, qui détermineront les armées des petits Etats à nous suivre ou à rester inactives et qui les écraseraient en cas de résistance armée. » (Livre jaune.)

Il est démontré par ces deux passages d'un rapport adressé à l'empereur par l'état-major allemand que depuis plusieurs années déjà, sans être sûr de la date de la guerre, on cherchait l'écrasement de la France par la Belgique, et, bien entendu, la violation de la neutralité belge;

3° Dès 1913, l'Allemagne et l'Autriche, sans avoir rien à reprocher à la Serbie, préparent contre elle la guerre. Elles ont pressenti l'Italie, qui les a éconduites et a ainsi déjoué ce plan. Nous en avons le témoignage dans un discours de M. Giolitti prononcé en Italie en 1914 :

« Puisqu'il importe surtout que la loyauté de l'Italie soit maintenue au-dessus de toute discussion, je rappelle que déjà en 1913 l'Autriche méditait une action contre la Serbie, à laquelle elle voulait donner le caractère d'une action défensive.

« Bien entendu, le marquis de San Giuliano fit savoir à l'Autriche que l'Italie ne se croyait pas obligée à participer à une telle action. »

DEUXIÈME TABLEAU

Période immédiatement antérieure à la guerre

1° Avant même l'attentat de Sarajevo, l'empereur d'Autriche a rédigé un mémorandum, où il demande à l'Allemagne de l'aider à frapper la Serbie. Cet attentat ne fut donc qu'un prétexte. (Documents allemands, n° 2) ;

2° Le 28 juin, meurtre de l'archiduc à Sarajevo ;

3° L'ambassadeur allemand à Vienne télégraphie le 30 juin (Documents allemands, n° 7) : « *Je profite de toutes occasions de ce genre pour déconseiller tranquillement, mais sérieusement, des mesures précipitées...* » L'empereur, furieux, annote cette dépêche ainsi : « *Qui l'a chargé de cela, c'est très bête, cela ne le regarde pas du tout.* »

4° Entretiens de Potsdam. L'ambassadeur d'Autriche à Berlin présente, le 5 juillet, à l'ambassadeur d'Allemagne, d'ordre de l'empereur d'Autriche, une lettre autographe de son maître, demandant à l'empereur d'Allemagne son concours pour exécuter la Serbie. L'empereur répond : « *Qu'il ne fallait pas différer cette action. L'attitude de la Russie serait en tout cas hostile... La Russie, d'ailleurs, en l'état de choses actuel, n'était pas prête à la guerre et hésiterait certainement beaucoup à recourir aux armes, mais*

*elle excitera les autres puissances de la Triple-Entente
contre nous et attiserait le feu dans les Balkans.* » (1)

5° A la suite de cette conversation eut lieu un conseil auquel prirent part : Bethmann-Hollweg, le ministre de la guerre Falkenhayn, le sous-secrétaire d'Etat Zimmermann, S. E. Capelle, remplaçant l'amiral Tirpitz; le capitaine Zenker, pour l'état-major de la marine. Le 17 juillet, le quartier-maître général de Waldersee écrivait à M. de Jagow une lettre où il lui disait : « *Je suis prêt* », et, en octobre 1919, il a déclaré que son intérimaire, le général de Bertrab, avait été convoqué le 6 juillet 1914, à Potsdam, par l'empereur. Il ajouta : « *Il n'y avait aucun ordre à donner à la suite de cette visite. Le plan de mobilisation avait été achevé le 31 mars 1914. L'armée était prête, comme toujours.* » (Documents allemands, page XVIII) ;

6° Le 12 juillet 1914, le même ambassadeur télégraphiait : « *Non seulement Sa Majesté l'empereur Guillaume, ainsi que les hautes personnalités dirigeantes d'ici se tiennent fermes et fidèles à l'alliance, derrière la monarchie, mais encore l'encouragent avec la plus vive insistance à ne pas laisser échapper l'occasion actuelle, mais à agir très énergiquement contre la Serbie, etc.* » On ne peut douter que, par conséquent, ce jour-là, la guerre fut arrêtée en principe.

7° Le 13 juillet, à la suite de l'attentat de Sarajevo, l'Autriche avait ordonné une enquête, afin de décou-

_____

(1) D'après TIRPITZ. *Erinnerungen,* p. 209.

vrir si le gouvernement serbe n'avait pas une responsabilité dans l'attentat. Voici la réponse, le 13 juillet 1914 (Documents autrichiens, n° 17), du conseiller Wiesner, agent de l'Autriche, à son gouvernement : « *La complicité du gouvernement serbe, dans la direction de l'attentat, ou sa préparation et la fourniture des armes, n'est établie par rien et n'est pas à présumer; il y a, au contraire, des indices qui doivent faire exclure cette hypothèse.* » (Livre rouge autrichien, n° 17.)

Il est donc établi que, le 13 juillet, l'Autriche et, par conséquent, l'Allemagne, ont su, par un agent autrichien, enquêteur officiel, que le gouvernement serbe fut étranger au meurtre et qu'elles ont persisté dans leur entreprise;

8° Remise de l'ultimatum à la Serbie le 23 juillet 1914;

9° Le 25 juillet, réponse satisfaisante de la Serbie; réponse de l'Autriche; rupture diplomatique;

10° L'ambassadeur d'Autriche à Berlin télégraphie à son gouvernement, le 25 juillet : « *Je dois faire observer qu'ici on considère généralement qu'à un refus éventuel de la Serbie, nous répondrons immédiatement par une déclaration de guerre, suivie d'opérations militaires. On voit ici, dans tout retard apporté aux opérations militaires, un grave danger touchant l'ingérence d'autres puissances. On nous conseille instamment d'agir immédiatement et de placer le monde devant le fait accompli. Je partage absolument cette manière de voir du ministre des affaires étran-*

gères. » (Livre rouge autrichien, tome II, n° 32.) Ainsi, dès le 25 juillet, au moment où part l'ultimatum, afin d'éviter, quand commencera l'écrasement de la Serbie, prévu avant sa réponse, l'ingérence des autres puissances, on tente de placer l'Europe en face d'un fait accompli.

11° Le 27 juillet 1914 (Télégramme autrichien, tome II, n° 680 : « Le secrétaire d'Etat m'a déclaré très nettement, sous une forme strictement confidentielle, que prochainement des propositions de médiation seraient éventuellement portées, par le gouvernement allemand, à la connaissance de Votre Excellence. Le gouvernement allemand assurait, de la façon la plus formelle, qu'il ne s'associait aucunement à ces propositions, qu'il se prononçait même catégoriquement contre leur prise en considération et qu'il ne les transmettrait que pour tenir compte de la démarche anglaise. » (Dépêche de l'ambassadeur d'Autriche à son gouvernement.) Ainsi, la comédie est organisée, dès le 27, avant le drame. L'Allemagne se contentera d'être un facteur remettant les lettres et fait tout de suite savoir à l'Autriche qu'aucune demande de médiation n'a son appui.

12° Le 28 juillet (Document allemand, n° 203). *« Après avoir parcouru la réponse serbe que j'ai reçue ce matin, je suis convaincu que, dans l'ensemble, les désirs de la monarchie du Danube sont accomplis. Les quelques réserves que la Serbie fait sur certains points peuvent, à mon avis, être réglées par des négociations. Mais la capitulation la plus humble est annoncée orbi et urbi, et par là tout motif de guerre disparaît. Toutefois, il n'y a lieu d'attribuer à ce morceau de papier et à son contenu qu'une valeur limitée, tant qu'il ne se sera pas traduit par des faits. Les Serbes sont des Orientaux, et par conséquent menteurs, faux et maîtres consommés dans l'emploi des moyens dilatoires... Naturellement il n'y a plus actuellement aucun motif de guerre... — GUILLAUME.*

(Rapport à M. de Bethmann-Hollweg.)

Ainsi, on savait déjà le 13 juillet que le gouvernement serbe était exempt de toute responsabilité, de par la parole d'un agent autrichien, dans l'attentat de Sarajevo. On connaît la réponse satisfaisante des Serbes, datée du 26. Et, le 28, l'empereur constate que la cause de guerre disparaît.

13° Le 29 juillet, l'empereur de Russie demande à l'empereur d'Allemagne de soumettre le conflit à l'arbitrage de la Haye (1) ; pas d'autre réponse qu'une dépêche comminatoire, envoyée le 30 juillet à l'empereur de Russie (2).

14° L'armée de l'Autriche sortant des grandes manœuvres, ouvre la guerre contre la Serbie, mobilisant huit corps d'armée.

15° Le 19 juillet, la Russie, pour se protéger et en attestant son esprit pacifique, mobilise quatre arrondissements militaires, uniquement sur la frontière au-

---

(1) Documents allemands n° 366, expédiés à 8 h. 20 du soir.

(2) Documents allemands n° 420, expédiés à 3 h. 30 de l'après-midi.

trichienne, sans faire d'appels sur la frontière allemande.

16° L'Allemagne adresse une menaçante injonc-
tion à la Russie d'avoir à démobiliser, encore que
l'Autriche ait mobilisé, et que l'Allemagne ait été pré-
venue par M. Sazonoff que la mobilisation russe ne
s'étendrait pas à la frontière allemande.

17° Dans la nuit du 29 au 30, l'empereur de
Russie ordonne de restreindre la mobilisation déjà
ordonnée pour se protéger contre la mobilisation autrichienne. De ce chef, la mobilisation russe est réduite
à quatre arrondissements militaires.

18° Le 29 juillet, au soir, conseil à Potsdam : la
guerre y est décidée. La preuve en est fournie par la
conversation qui, après le conseil, se tint entre l'ambassadeur britannique, qui en fait rapport à son gouvernement, et M. de Bethmann-Hollweg, dans la
nuit même.

M. de Bethmann annonce que la Belgique, si on
doit l'envahir, sera restaurée, qu'on ne touchera pas
au territoire français, gardant le silence aux questions de l'ambassadeur sur les colonies françaises.
L'ambassadeur répond que l'Angleterre n'aliène pas
sa liberté; c'est alors qu'on atténue la menace de la
veille, l'attitude de l'Angleterre ayant montré qu'on
s'était trop pressé. Il y eut cependant le lendemain
une conséquence.

19° Le 30 juillet. Tandis qu'à Saint-Pétersbourg
l'ambassadeur d'Allemagne et M. Sazonoff tombent
d'accord, ce dernier dicte à l'ambassadeur d'Alle-

magne une formule nouvelle de médiation, dans laquelle il s'engage à arrêter les préparatifs de la Russie si l'Autriche arrête les siens en Serbie. M. de Jagow, saisi, ne veut pas transmettre la demande à l'Autriche.

20° Le 30 juillet : à ce moment même, à une heure de l'après-midi, à Berlin, le *Lokal-Anzeiger*, journal officieux, publie l'ordre de la mobilisation allemande. Cet ordre ne pouvait être en sa possession que parce qu'il lui avait été remis la veille, où la mobilisation avait été arrêtée au conseil. Quand la nouvelle est démentie, dans l'après-midi, elle était déjà partie pour Vienne et Pétersbourg, et les dépêches que voulut envoyer l'ambassadeur russe à Berlin, afin de calmer son gouvernement, furent acheminées par Varsovie, pour arriver le plus tard possible à Péters-bourg. M. de Bethmann-Hollweg a reconnu que ces bruits alarmants avaient pu fortement impressionner le tsar.

21° De Vienne, M. Dumaine, ambassadeur de France, téléphonait le 30 juillet 1914 la dépêche suivante : « L'entretien de l'ambassadeur russe et du ministre des affaires étrangères s'est maintenu dans un ton amical et permettait de croire que toute chance de localiser le conflit n'était pas perdue, lorsque la nouvelle de la mobilisation allemande est parvenue à Vienne. »

Ainsi cette mobilisation allemande a eu à la fois à Vienne et à Saint-Pétersbourg un effet formidable, et il paraît qu'elle constituait un faux.

Ce qui d'ailleurs témoigne, autant que tout, que la mobilisation était prête pour le 30 juillet, c'est la dépêche suivante (Documents autrichiens, tome III, n° 34) adressée par l'ambassadeur d'Autriche à Berlin au ministre des affaires étrangères à Vienne : « *L'attaché militaire, après un entretien très important avec le chef de l'état-major allemand, vient d'envoyer au baron Conrad un télégramme d'après lequel le comte de Moltke nous conseille instamment la mobilisation immédiate.* »

Ainsi le triple jeu de l'Allemagne paraît, effrayant Saint-Pétersbourg par une fausse nouvelle à laquelle l'empereur, par une dépêche du 30 juillet, dans l'après-midi, impérieuse et comminatoire, ajoute encore; troublant Vienne; ordonnant la mobilisation générale dans la journée du 30 à Vienne, ce qui autorise à affirmer que la sienne était prête.

Mais nous n'avons encore guère tracé que la nomenclature des responsabilités politiques ou diplomatiques de l'Allemagne. Voyons maintenant ses responsabilités militaires. Ici encore, je tracerai un tableau et prendrai les faits jour par jour :

21 juillet. — Avis préliminaire de mobilisation à un certain nombre de classes de réserve. (Livre jaune, n° 16.)

24 juillet. — Communication secrète des instructions de couverture à Metz; installation de mitrailleuses sur diverses gares.

25 juillet. — Mobilisation de la garnison de Metz; signature de contrats de ravitaillement par l'inten-

dance de Saverne; armement des places de la frontière.

26 juillet. — Rappel de la flotte allemande en Norvège. (Livre jaune, n° 58.)

26 juillet. — Avis envoyé à quatre classes de réservistes en Lorraine. (Livre jaune, n° 59.)

26 juillet. — Déboisement; mise en place d'armements; renforcement des réseaux de fils de fer; construction de batteries.

Et ce n'est là qu'une partie des préparatifs commencés le 21 juillet par l'Allemagne.

Passons aux mobilisations...

1° Le 28 juillet, mobilisation partielle de l'Autriche-Hongrie;

2° La Russie répond par une mobilisation partielle le 29 et affirme qu'aucune intention belliqueuse ne la pousse; elle ne dispose pas un seul homme sur la frontière allemande;

3° Le 29 au soir, l'Allemagne, sans donner le moindre conseil à l'Autriche qui a mobilisé la première, adresse un ultimatum à la Russie d'avoir à démobiliser, alors que la Russie ne lui fait courir aucun risque et que trois jours auparavant, en prévision d'une mobilisation toujours possible, M. de Jagow a dit à M. Cambon que la mobilisation russe, si elle était uniquement dirigée contre l'Autriche, ne ferait pas intervenir l'Allemagne;

4° Le 29 juillet au soir, conseil de Potsdam, où la guerre est arrêtée;

5° Le 29 juillet, le gouvernement allemand adresse

en outre à Bruxelles, à son envoyé, l'ultimatum à la Belgique, qui avait été rédigé le 26 juillet, avec ordre de ne l'ouvrir que sur une instruction spéciale (1). C'est cet ultimatum qui fut appliqué à la Belgique le 2 août. Dans la nuit du 29 au 30, la Russie accepte de démobiliser;

6° Le 30 juillet (se référer à une dépêche citée plus haut dans le tableau), la mobilisation générale autrichienne commence dans la soirée, sur l'ordre de l'Allemagne;

7° Le 31 juillet, à 1 h. 30 après-midi, l'Allemagne décrète le péril de guerre, qui correspond à la mobilisation réelle, puisque chaque réserviste est averti du poste qu'il doit occuper;

8° Le 31 juillet, nonobstant la mobilisation générale russe, le gouvernement autrichien donne l'ordre à son ambassadeur à Pétersbourg de continuer à négocier avec M. Sazonoff et l'ambassadeur de Russie à Vienne discute avec le ministre des affaires étrangères;

9° Le 1ᵉʳ août, la France mobilise. Je contresigne à 1 h. 15 le décret de mobilisation, qui est affiché à 4 heures. La mobilisation française est donc de plus d'un jour postérieure à la déclaration du péril de guerre, qui pour tous est la vraie mobilisation allemande;

10° Le 3 août, déclaration de guerre à la France sous le prétexte que des avions ont survolé Nurem-

____

(1) Documents allemands nᵒˢ 375 et 376.

berg. Or, le 3 août, le ministre de Prusse à Munich avait fait savoir à M. de Jagow que le fait était faux. (Document allemand, n° 758). C'est donc sur un faux que la guerre a été basée.

Voilà un tableau qui se suffit à lui-même et qui, comme on le voit, se divise, pour la facilité de la lecture, en tranches ordonnées par les dates. Est-il utile de le résumer?

Le système de l'Allemagne, quand elle discute, est vraiment trop commode. Elle commence par parler d'un encerclement qui remonterait à vingt ans en arrière; elle en accuse principalement l'Angleterre; puis elle n'a plus d'yeux que pour le jeu des mobilisations fin juillet et commencement d'août 1914.

Quoique cela ait été établi déjà souvent, nous avons tenu à situer, textes en main et les documents allemands parlant en même temps que les documents autrichiens, ces mobilisations précipitées et frémissantes.

La responsabilité totale repose sur l'Allemagne et sur l'Autriche.

Mais ce n'est pas tout.

Qui a donc mis l'Europe, depuis vingt ans, dans la nécessité d'armer pour se défendre, et qui donc a pris l'initiative des armements et des augmentations d'effectifs?

Qui a voulu frapper le coup en 1913, sans que je veuille remonter encore aux provocations qui datent de 1905, 1907 et 1908?

Et qui, dans ce mois de juillet où, malgré le trouble

des esprits créé par l'Allemagne, tout pouvait encore s'arranger, a pris la résolution froide et criminelle de n'appuyer auprès de l'Autriche aucune proposition de médiation, et, sachant que la guerre européenne serait déchaînée, de continuer jusqu'au dernier jour à accroître les énervements et à exalter les sentiments, même au prix de fausses nouvelles, à créer en un mot l'état devant lequel l'Europe se trouvait déjà le 19 juillet? Dès cette date, une fièvre naturelle, une émotion grandissante, une mortelle inquiétude ont régné sur l'Europe.

Par la faute de qui?

Que pouvait-on penser quand, la Serbie ayant accueilli l'ultimatum, on avait rompu les relations diplomatiques, déclaré la guerre, exclu toute bonne volonté?

Pendant des années, on dispose un explosif, on en accumule la charge chaque année, on allume tout près un foyer qui grandit, on se retire, et quand l'explosion terrifie tout, les hommes et les choses, l'auteur de l'attentat n'est pas responsable. C'est tout le sentiment de l'Allemagne!

Je me résume :

1° On ne peut pas expliquer la tentative de 1913 déjouée par l'Italie, ni le plan d'invasion de l'état-major allemand. Que pouvait-on attendre en 1914 de ceux qui avaient fait cela?

2° On ne peut pas expliquer que le 13 juillet 1914, les empires centraux ayant la preuve officielle, par un de leurs agents, que le gouvernement serbe n'a ni conçu ni dirigé le meurtre de Sarajevo, aient aussi continué, s'ils ne voulaient pas la guerre, qu'ils savaient devenir générale;

3° On ne peut pas expliquer que le 27 juillet, l'empereur d'Allemagne ayant déclaré qu'il n'y avait plus de cause de guerre, devant la réponse serbe, on ait décidé ce jour-là même en Allemagne de ne s'associer à aucune des demandes de médiations de l'Entente, attisant ainsi, par une attitude violente, le feu qui couvait en Europe (Dépêche du 27);

4° On ne peut expliquer que, le 26 juillet, l'ultimatum à la Belgique ait été rédigé et qu'il ait été envoyé le 29. Pourquoi, si l'on ne voulait pas la guerre?

5° On ne peut expliquer que le 29 juillet, le tsar ait demandé l'arbitrage de la cour de La Haye sans recevoir une réponse; que le 31 juillet, au matin, quand la Russie menacée par la mobilisation autrichienne et le formidable appareil de l'Allemagne, tout en appelant encore à la paix, a décrété sa mobilisation, la question serbe était plus mûre et plus équitable qu'elle ne l'était le 26. Pourquoi alors, le 26, n'a-t-elle pas été examinée et tranchée, et pourquoi a-t-on attendu que tout fût bouleversé en Europe, c'est-à-dire le 31 juillet, pour commencer à Vienne la conversation?

6° On ne peut nier que traitée ce jour-là, malgré tous les retards et tous les malentendus, la question était résolue par la négociation et la guerre évitée et qu'on ait voulu la guerre, qu'on l'ait déchaînée par un ensemble monstrueux de réticences, de manœuvres, de faux et d'outrages.

La guerre est là et non plus tard, c'est ce qu'ont d'ailleurs pensé les nations assemblées, quand, après avoir examiné la requête des délégués allemands, en 1919, ne connaissant pas tous les textes du Livre rouge autrichien, du Livre bavarois et surtout du Livre blanc, elles ont rendu leur verdict proclamant que « l'Allemagne doit être tenue pour responsable de la guerre ».

CHAPITRE XIV

« LA FAYETTE, NOUS VOICI ! »

Voici cependant que le destin va prendre enfin la figure de la justice. Il semble que la terre entière se révolte d'une si dure et si injuste calamité. Tous les peuples non asservis font cortège aux soldats de la liberté qui, encouragés par la généreuse ardeur de l'Amérique, vont enfin assurer le salut du monde.

Déjà l'empereur d'Autriche, le serf, et le roi de Bulgarie, le valet, ont pensé, au premier souffle avant-coureur de la catastrophe, à se retirer. La main de fer de l'Allemagne, qui a poussé à la guerre le vieil empereur, ne lâche pas le jeune monarque autrichien, mort depuis...

Mais des craquements sinistres annoncent à l'empereur d'Allemagne la débilité de son trône. Il a tenté déjà, dans une entrevue ridicule, et qu'il narre lui-même, la bonne volonté du Saint-Siège. Il s'est tourné vers l'Amérique et, répondant évasivement, en janvier 1917, au président Wilson, qui invitait les belligérants à énumérer leurs buts de guerre, il n'a pu opposer aux loyales réponses de l'Entente qu'un misérable et plat document. Il n'a pas su, à ce moment, qu'il déconcertait le chef d'Etat américain, le peuple américain tout entier, ami de la franchise et que n'avaient ni troublé, ni séduit, les fantaisies de l'ambassadeur Bernstorff. Toujours le sot orgueil, toujours la sous-estimation de la valeur humaine, toujours l'ignorance de ce que peut faire une volonté libre!...

Est-ce que l'Amérique pourrait traverser les flots et braver les sous-marins allemands dont le kaiser, penché sur tant de massacres, ose vanter les exploits dans ses *Mémoires?* M. Wilson pourrait-il faire surgir des hommes et le torrent humain pourrait-il être alimenté par des affluents si lointains? Ce ne serait qu'un geste!... Voilà ce qu'en 1917 se demandait et se répondait le kaiser. Ce fut un geste, en effet; seulement, la main tenait une épée.

L'empereur et son gouvernement n'ont rien compris à l'Amérique, que cependant des millions de sujets allemands, émancipés par la loi américaine, purifiés par l'air salubre de la liberté, habitaient.

Des raisons différentes expliquent cette monstrueuse ignorance. Au début de la guerre, dès les premiers jours d'août, Théodore Roosevelt, le noble et grand soldat du droit humain, le citoyen de l'univers, reçut la visite en sa maison de campagne d'Oyster-Bay, d'un officier de l'ambassade allemande, venant de Washington.

— D'ordre de Sa Majesté l'empereur, dit-il, je viens vous rappeler, monsieur le président, que la guerre est déclarée. Mon maître espère que vous vous souviendrez d'avoir été son hôte.

L'insolence de la démarche traduisait l'âme épaisse du parvenu sûr de dominer le monde.

Roosevelt répondit négligemment :

— Ma mémoire est, en effet, fidèle. Je me rappelle que j'ai été l'hôte de Sa Majesté l'empereur. Mais je me rappelle aussi que j'ai été celui de Sa Majesté le roi des Belges.

Le soufflet reçu, l'officier partit...

Quelques années plus tard, le sous-secrétaire allemand Zimmermann, raillant l'ambassadeur Gérard, venu en 1917 réclamer ses passeports, lui disait :

— 50.000 Allemands peuvent, en Amérique où ils habitent, vous créer des ennuis...

— « Il y a 500.000 réverbères pour les pendre », répondit l'Américain, sûr de son pays...

Et l'ambassadeur Bernstorff accrut par des maladresses tout ce lot de sottises.

Ce sont là des anecdotes qui évidemment n'expliquent pas le formidable élan, venu comme un ouragan, du Pacifique et de l'Atlantique sur l'Europe; mais elles valent d'être retenues.

J'ai pu voir, en 1917, aux côtés du maréchal Joffre l'enthousiasme éclatant qui faisait vibrer les cités d'où montait un tumulte pareil au chant farouche de la liberté. Ce mouvement venait-il d'un caprice? A l'élection du président Wilson la guerre était loin d'être un article du programme civique. Mais la durée cruelle de cette guerre, les préjudices qu'elle causait aux plus lointains pays, le spectacle de la liberté déchirée dans sa lutte contre l'autocratie, tout cela dicta à l'Amérique sa requête impérieuse du mois de décembre 1916. « Vous vous battez depuis trois ans. Pourquoi? » Les alliés répondirent, comme on sait, par de loyales déclarations, répudiant des buts de guerre odieux. L'Allemagne feignit de ne pas comprendre, ne répondit pas et refusa d'aborder le débat. De ce jour son attitude était jugée : elle avait commencé la guerre.

Avec une inconscience incompréhensible, l'Allemagne assista à l'évolution de l'âme américaine.

D'où descendit sur les immenses espaces du continent américain, depuis le mois de décembre 1916, cette révolution qui fit se lever les cohortes civiques si vite transformées en bataillons de combattants? Certes l'œuvre de propagande menée par le président Wilson fut incomparable de hardiesse et de prudence. Et chaque fois qu'il parlait, les yeux sur le vaste horizon du monde, c'était dans la langue pure et noble de la démocratie. Certes, dès les premiers jours de la guerre, l'Amérique nous avait témoigné sa tendresse fraternelle; elle avait délégué ses fils au danger; elle avait relevé les nôtres sur les champs de bataille. Jamais personne en France n'oubliera cette générosité magnifique que chacune de nos campagnes redit encore avec émotion. Mais la guerre lointaine, le bruit des tumultes effacé par la distance et surtout la tradition d'isolement politique que Washington et Monroë incarnaient, retenaient au loin de l'action sinon tous les Américains, du moins beaucoup d'entre eux.

Ce qui a surtout soulevé l'Amérique, c'est la démocratie, dressée en Angleterre et symbolisée par la France. C'est le respect des droits civiques, formant le fond de la Constitution italienne, c'est par-dessus tout le but de noblesse que nous recherchons tous dans la défense. Tout cela apparut clairement à tous les partis américains, aux républicains aussi bien qu'aux démocrates... La catastrophe économique, chaque jour plus menaçante, s'avançait sur le monde. Aucune puissance de la terre ne pouvait répudier la solidarité humaine. Et puis, en ce grand duel où le sang coulait pour la cause auguste et qui est de tous les âges, au siècle dernier où La Fayette, de Grasse et Rochambeau avaient surgi, qui pouvait être absent sans être absent de la conscience universelle?

Du moment que l'Amérique sentait que la conscience universelle était atteinte, que son deuil pouvait surgir, elle devait se lever. Elle le comprit, elle se leva, et la mer si vaste ne sembla bientôt plus qu'une rivière : « Dites à l'ambassadeur d'Allemagne qu'il remercie la loyauté britannique et la loyauté française quand il aura quitté nos eaux territoriales. » Ce fut l'adieu de M. Wilson à l'ambassadeur d'Allemagne que lui traduisit M. Robert Lansing lorsqu'il lui remit ses passeports.

Ce qui avait indigné l'Amérique, en outre de la

sauvagerie de la guerre sous-marine, c'est le refus du gouvernement allemand, en 1916, de répondre loyalement à la sommation solennelle adressée aux belligérants par M. Wilson. La défiance s'accrut et elle était plus vive encore à l'armistice quand le kaiser et son chancelier, le prince Max de Bade, essayèrent de parlementer. Ils durent comprendre qu'ils étaient de trop et disparaître — non sans avoir au préalable adhéré aux fameux quatorze points.

Cette adhésion, faite sans la caution de la conscience, ne valait que comme tactique. L'Allemagne se disait qu'elle pourrait susciter, pendant l'armistice ou au début des pourparlers de paix, des divergences entre les alliés. En fait, le programme de M. Wilson n'a jamais lié que les alliés et lui-même. Et on peut bien dire que le traité de paix, dans la mesure où il l'a pu, tranchant des difficultés insurmontables, a appliqué les idées wilsoniennes. La théorie du mandat, cette noble tutelle qui ravit à l'oppression, que l'Allemagne exerçait sur ses colonies, les populations émancipées pour les placer sous la protection de la Société des nations, est une institution digne d'éloges. J'ajoute que, dans leur polémique, les Allemands qui reprochent à M. Wilson et aux alliés de ne pas avoir appliqué au traité de Versailles les quatorze points, ou se trompent, ou confondent. Il y a des principes contenus dans les discours de M. Wilson, par exemple dans le célèbre discours de Mount-Vernon, qui ne se trouvent pas dans les quatorze points, avec lesquels les Allemands essayent de les mêler.

Cette guerre, avec la ruée gigantesque d'un peuple
entier qui apportait au combat toute la flamme de son
courage et tout le désintéressement de sa conscience,
allait changer d'aspect. Enfin le destin était conjuré.
Ils avaient bien tenu, les premiers soldats de 1914 et
ceux de 1915, ceux qui se battaient dans la boue et
dans la neige, ceux qui ne désespérèrent pas et donnèrent du courage à toute la terre. C'est à eux que
doit aller la pensée de tous ceux qui ont survécu.

La parole de Tocqueville qui, pour avoir longtemps habité l'Amérique, connaissait mieux que les
hommes de son temps les ressources de la démocratie,
est illustrée par cette guerre : « Dans une guerre
entre l'autocratie et la démocratie, si, au premier choc,
la démocratie ne succombe pas, c'est à elle que va la
victoire ».

Admirable et juste éloge du courage moral qui
use la force!

CHAPITRE XV

L'ABDICATION

Au mois de juillet 1918, le quatrième anniversaire de la guerre implacable allait revenir et les forces en présence, si disproportionnées dès le début, étaient vigoureuses, armées, prêtes au combat.

Mais ce n'était plus pour tous le même enjeu... En 1914, la France avait tenu dans ses mains le sort du monde avec le sien. Quoi qu'il arrivât après la Marne, après l'Yser, après Verdun, après le rétablissement héroïque de 1918, par la formidable ruée des Américains sur l'ennemi commun, l'avenir, pour être encore sombre, était moins terrible. L'Allemagne se trouvait au bord du gouffre qu'elle avait creusé. Elle ne pouvait plus compter sur un coup de force définitif, ni sur une faveur prolongée de la chance. Il fallait vaincre assez pour obtenir un armistice favorable, suivi d'une paix blanche, où il n'y aurait ni vainqueur, ni vaincu. Ou bien il fallait céder, ou bien il fallait mourir.

L'armée allemande, au soir terrible du 14 juillet 1918, se précipita à une offensive qui était attendue par le commandement français et qui fut reçue par les armées alliées de telle manière qu'elle était brisée à l'instant même. L'armée fut refoulée dans le tumulte et dans l'effroi, broyée par le réseau de fer des alliés, associés maintenant sous un commandement unique à un but commun, submergée par l'épouvante que semaient les inventions infernales dont elle avait fait, la première, un sauvage emploi. Peu à peu, l'armée allemande, disséminée, recula à travers la France. C'était la fin. Le grand corps étendu se rétrécit, ne pouvant plus remplir ses vides et les soldats apprirent, comme ils reculaient, qu'il n'y avait pas d'armée de réserve et qu'ils étaient l'unique rempart de leur pays fléchissant. Derrière l'armée de combat, le néant, la terre dévastée, la patrie lointaine, le pays ravagé, des villages innombrables autrefois traversés à la lueur des incendies volontaires et sous le fardeau du butin.

Au quartier général de l'empereur, tout s'assombrit soudain devant le personnage dont depuis quelques semaines l'épouvante, de mortelles anxiétés venaient creuser le front et les joues. Autour du misérable devant qui tout s'était courbé et qui avait cru dominer le monde, les fidélités les plus éprouvées fléchissaient et le malheur, fait de justice, de justice tardive et incomplète, commençait pour cet homme médiocre, qui, n'en ayant jamais perçu l'étendue, était incapable de le supporter. Les chefs les plus hauts s'agi-

tent et le vent de la catastrophe souffle de partout
sur le bateau désmparé où le capitaine, incapable de
regarder la tempête en face, cherche de ses yeux
épouvantés la terre prochaine, l'abri sûr, le sauvetage,
la fuite.

On va maintenant mesurer ses qualités et ses vertus,
car c'est par leur confrontation avec l'adversité que
se jugent les caractères.

L'Allemagne a été soulevée. Tout l'indique, mais
contrairement à ce que racontent les hommes qui veulent garder à l'armée sa réputation, l'armée était
essoufflée, anéantie, incapable de résister, prête à
capituler si l'effort allié se continuait. C'était l'effondrement total : l'armée et la nation réunies dans
la même terreur : il fallait aviser. L'empereur devait
prendre un parti...

Ah! que Bismarck et que son père avaient bien
jugé le « jeune homme à frasques », le comédien,
incapable cerveau, le médiocre histrion!

Rien n'est plus pitoyable que cette partie des
Mémoires où il explique l'événement qui l'assaille.
On sait ce qui s'est passé. Evidemment l'empereur a
dû être surpris d'avoir tenu si peu de place dans la fin
du drame et que le décor soit tombé sur son front
tandis qu'il achevait de jouer son rôle. Auprès de lui
des généraux inquiets ne sont pas certains de leurs
troupes. Ils peuvent mesurer du regard, eux qui ont
formé et fait régner dans les cœurs l'effroyable compression de la discipline allemande, l'état d'esprit qui
va devenir l'état de révolte dans ces soldats pour le

moment mornes et hagards et qui seront demain exaspérés. Ils le disent. Sans doute ils exagèrent, pense l'empereur entretenu dans le rêve d'une trêve heureuse, qui lui permettra, sur son front déjà blafard, de retenir la couronne vacillante.

— Mais qu'est-ce donc? — C'est le téléphone de Berlin. — Qu'y a-t-il? — Le chancelier Max de Bade n'est pas sûr de la rue, l'émeute gronde, les grandes villes s'agitent, l'orage vient et, de son lit où le couche la grippe, le chef provisoire a tout abandonné à ses subalternes. La nouvelle arrive : « *L'abdication ou la révolution!* » Ces deux mots sinistres pour l'auguste oreille y résonnent comme le glas de la mort, dans leur alternance tragique. L'empereur est décomposé.

Il parle d'abdiquer comme empereur en se réservant la royauté de Prusse; puis il hésite, il se promène agité, nerveux, méconnaissable plus encore en ce jour qu'avant, pâle, blanchi, les yeux caves, le corps tremblant sous son uniforme ridicule. Enfin, les grands chefs déclarent qu'ils ne peuvent agir, après avoir conseillé le retour de l'empereur à Berlin. « Le retour, clame Berlin, alors c'est la fin! » Et comme la réponse impériale se fait attendre, on la lui apprend à lui-même. Tandis qu'il sortait de table, on lui révèle qu'il a abdiqué; le chancelier l'avait devancé. Pas même la dignité de roi de Prusse? Ni empereur ni roi!

Jamais le mépris humain n'a davantage et plus justement souffleté un grand de la veille, qui, inca-

pable d'abandonner le pouvoir par lui-même, se le
voit arracher de ses mains tremblantes, comme un
jouet d'enfant. Il faut partir. Il est minuit. Ce sera
pour le lendemain, non le lendemain matin, mais à
cinq heures du matin, au mois de novembre, afin de
devancer la lueur blafarde par laquelle une triste
aurore pourrait dénoncer le criminel. On sait la suite.
Il arrive à la frontière hollandaise en automobile, est
interpellé rudement par un jeune sergent hollandais et
désarmé par le commandant du poste auquel il rend
son épée.

Ainsi finit l'aventure tragique, non pour le monde,
mais pour l'homme dont le nom sera prononcé, pendant toute la durée de la conscience humaine, au
milieu de la malédiction des mères. S'il a joué un
rôle dans son avènement, par l'impérieux désir qui
l'agitait de régner, il n'en a joué aucun dans sa chute ;
il s'est contenté de tomber lourdement sous les souf-
flets de ceux qui l'entouraient. Ce ne fut pas le capitaine crispé, restant le dernier à son bord, ce fut le
passager évanoui qu'on transporte.

Jamais nous n'aurions cru qu'en ses Mémoires
l'empereur marquât, sur ces événements, de pareilles
impressions. Il se plaint d'avoir été trompé par tous,
trompé à Berlin par un chancelier ambitieux, trompé
sur le front, et que des hommes qu'il croyait attachés
à sa fortune, émissaires hypocrites du chancelier, lui
oient venus donner le baiser de Judas. Quelle expérience de la vie pour un homme qui a connu les autres
hommes! A quoi seraient-ils restés attachés en ces

heures sinistres, les derniers survivants de la splen
deur éphémère? On reste fidèle au malheur immérité,
pas au sien! On reste fidèle à la grandeur qui, même
abattue, garde en elle un farouche attrait; mais quelle
était sa grandeur? On reste fidèle au génie dont l'in-
fortune n'abolit pas tout de suite le rayonnement
et qui se couche glorieux comme le soleil; mais où
était son génie?

Il avait régné, commandé, ordonné la mort des
autres, méprisé les êtres, abaissé l'homme au niveau
le plus bas, près de lui. De quoi a-t-il à se plaindre?

Pourquoi est-il parti? L'empereur explique que,
chrétien, il ne pouvait pas se tuer. Soit. Il n'est pas
que la religion qui proscrit le suicide. Mais l'empereur pouvait mourir. D'autres que lui, soldats et officiers, qui avaient en eux une piété plus profonde et
un idéal plus haut, sont tombés le front découvert
sous le ciel et ne croyant pas l'outrager. Ce monarque
altier n'a donc pas connu l'histoire, ou, s'il l'a connue,
qu'en a-t-il retenu?

Bonaparte, à Arcole, le visage tout rayonnant des
promesses du génie et de la grâce de l'âge, s'était
jeté sous la mitraille. A Waterloo, son sceptre brisé, il
prit son épée et chercha la mort du soldat dans l'im-
mortel carré. Napoléon, Guillaume! Que la grande
ombre nous pardonne cet accouplement sacrilège!

En 1859, le roi Victor-Emmanuel I", montant à
l'assaut de son trône et des bastions autrichiens, écar-
tait les hommes du I" zouaves qui, émus de sa bravoure téméraire, voulaient le protéger de leurs corps.

Et dans la dernière guerre, le vieux roi Pierre de Serbie, descendu du pouvoir, au soir où tout semblait fini, alla trouver ses soldats et leur dit: « Mes enfants, je viens mourir avec vous! »

Mais est-ce bien cela?

L'empereur a redouté l'ennemi qu'il avait toujours bravé à des centaines de kilomètres. Mais il a aussi redouté la révolte de ses soldats. En vain, comme il l'a raconté, quelques hommes bien choisis l'avaient approché pour l'acclamer. Il était tout de même renseigné sur l'armée et savait à quel point son sentiment lui était exécrable. Des officiers d'ordre inférieur, dont la responsabilité était nulle, qui se trouvaient au moment de la retraite dans les dernières villes près de la front'' — française, insultés, dégradés, couverts de crachats par leurs soldats, sont venus se blottir dans les appartements privés des femmes françaises qu'ils ne saluaient pas un mois auparavant dans leur propre maison. Ils suppliaient, montraient la rue, le front pâle, la figure convulsée : c'était le massacre. Et lui, l'empereur, se souvenait de la parole de 1891 : « Vous m'appartenez corps et âme, si je vous donnais l'ordre de tirer sur vos pères et sur vos mères, vous devriez m'obéir sans murmurer ».

Et, sans doute, tandis qu'il se rappelait, en frémissant, cette excitation au meurtre, il a dû entendre une voix apportée par la rafale qui criait : « Pourquoi ne pas tirer sur l'empereur? »

Discuterons-nous maintenant la partie des Mémoires où, élevant sa défaillance à la hauteur du sacrifice, l'empereur prétend avoir déserté son poste dans l'intérêt de l'Allemagne et parce qu'il pensait qu'un traité moins rigoureux serait ainsi réservé à son pays?

C'est donc, s'il disait vrai, qu'il se sentait le plus haut responsable et qu'il offrait la risible rançon de ce départ précipité dans une villégiature dorée? Déclarer la guerre après l'avoir préparée pendant des années, jeter le monde à la boucherie et donner sa démission afin qu'on évite le scandale et que, comme on dit en style administratif, l'affaire soit classée, c'est un cynisme qui permettrait presque de poser la question de responsabilité mentale. Mais, au fond, l'empereur sait que cela n'est pas. L'empereur n'est pas parti pour obtenir, par une fuite complaisante, un traitement de faveur à son pays; son pays, il l'a perdu, déchiré, ensanglanté, et il ne pouvait plus y revenir. Il est parti, chassé par le peuple, par ses troupes, vomi par la terre entière. On n'a pas pensé qu'un traitement qui, dans sa rigueur, a autrefois suivi jusqu'à leur agonie les plus illustres vaincus, ait pu lui être imposé, de peur sans doute d'outrager, par la confrontation, de formidables souvenirs.

Maintenant il a écrit, gémi, menti, jeté la faute sur les autres, dénoncé ses collaborateurs et ses serviteurs. Ce faisant, il a trouvé encore le moyen d'avilir son rôle. Qu'il vive, si c'est pour lui une joie! Qu'il goûte, presque au jour de l'anniversaire funèbre de l'impératrice, les plaisirs attiédis de séniles épousailles! Cet homme appartient à l'histoire. Qu'elle achève son œuvre!

CHAPITRE XVI

AUTOCRATIE — ANARCHIE — DÉMOCRATIE

Il ne faudrait pas non plus que la concentration formidable et légitime sur l'empereur de tous les crimes commis fût une diversion historique et, dans l'amas des responsabilités personnelles, il ne faudrait pas oublier qu'il y en a d'autres qui sont collectives et générales.

Nous ne disons pas cela pour alimenter la haine en ce temps où l'effort viril du monde est nécessaire à son salut; c'est, pour nous, remplir la mission de l'avenir, éclairer la route et, si, comme nous le pensons, les affaires de la terre doivent reprendre, c'est étudier le rôle moral et matériel que l'Allemagne, aujourd'hui décomposée, doit et peut y jouer.

Les responsabilités ne sont pas les mêmes ni du même degré et, dans l'Allemagne entière, à des titres bien différents, bien des collectivités fortes qui se partageaient la direction morale ou matérielle de la nation peuvent s'interroger.

Auprès de l'empereur, au dernier moment, les capitalistes, les hommes qui avaient créé une forme du pangermanisme dans l'ordre commercial et industriel, se sont retrouvés. Ils peuvent dire aujourd'hui, en contemplant, près de la misère du prolétariat et de la petite bourgeoisie allemande, leurs devises mises à l'abri dans des banques étrangères, qu'ils ont voué leur pays à la ruine et l'ont mené sciemment au chemin glissant de la guerre.

Vouloir entreprendre de dominer le monde en le ruinant; pour le ruiner lui distribuer à bas prix les produits de l'activité industrielle allemande; racheter les pertes de ces ventes déficitaires par le haut prix dont on frappe l'intérieur, c'était obliger la masse, non seulement à un travail forcené, mais à un travail qui la conduisait à l'appauvrissement et à la faillite. Plus l'Allemagne produisait en effet (et on connaît la splendeur des statistiques qui accusaient, avant la guerre, de magnifiques résultats, mais combien illusoires!), plus elle perdait à l'étranger dont elle voulait écraser la concurrence afin, cette concurrence morte ou amortie, de régner souveraine sur le monde ruiné.

Il n'y avait à ce rêve que deux réveils possibles. Ou pouvoir tenir jusqu'à l'extermination du concurrent et alors le remplacer et augmenter les prix, ou mourir à la peine, s'il résistait, s'il durait, s'il se défendait, si, par exemple, il élevait, contre l'invasion économique, la barrière douanière. En 1913, la seconde hypothèse devint la plus visible aux yeux angoissés et perspicaces de la grande industrie allemande. De ce jour, fut appelée la guerre, c'est-à-dire la victoire facile et rapide, la conquête économique et coloniale, le rapt, sans doute, de notre Afrique du Nord, joyau de la Méditerranée et force redoutable.

M. de Bethmann-Hollweg, le 29 juillet, dans son entrevue avec l'ambassadeur britannique, était un interprète des intérêts du mercantilisme allemand. Bien entendu, ces rapts eussent été un minimum.

L'Allemagne avait dans le monde une situation admirable; commercialement, elle colonisait les pays civilisés par ses banques, ses firmes, allant jusqu'à prêter l'apparence nationale de l'enseigne à la réalité allemande bien dissimulée derrière le guichet. Au dernier moment, le capitalisme aux abois a voulu se sauver par la guerre; ce fut l'heure sinistre : son ralliement à la guerre a avancé l'heure des militaristes.

Ceux-ci étaient prêts depuis cinquante ans et plus. Le rêve du vieux de Moltke avait été, en ravissant l'Alsace-Lorraine, en ouvrant une blessure, de préparer un conflit permanent entre les deux pays et comme la France, pacifique, sans rien oublier, ne réclamait rien, fournissait des preuves de son équilibre, il a fallu, pour arriver à la guerre, des incidents multiples.

Les plans de guerre, des desseins meurtriers, la discipline allant jusqu'à la compression furieuse, l'armée systématiquement augmentée depuis 1905, tout un système de chemins de fer dirigé vers la frontière française, le Luxembourg dominé, la Belgique vouée à la mort uniquement parce qu'elle existait, froidement, en pleine paix, l'ultimatum rédigé le 26 juillet 1914. Mais à quoi bon rappeler ce que le monde n'oubliera pas : l'effroyable ruée de la soldatesque?

L'université couvrit dans tout le siècle dernier, dans celui-ci encore, après 1870, après 1918, de son autorité morale, ce débordement. Que la caserne s'agite, que le soldat soit né pour l'action, c'est affaire à la nation de le retenir; ce fut l'affaire de l'université de l'exciter. Jamais aucun pays n'a été ravagé par un pareil torrent de haine sauvage, d'excitation bestiale, de provocation cynique. On ne peut pas tout redire, ni tout relire pour l'honneur de la raison humaine.

La philosophie cherche à justifier la violence, légitime les meurtres, pourvu qu'ils soient collectifs, la trahison des traités, créant une morale spéciale, poison de tout un peuple : voilà le crime effroyable de cette époque.

La social-démocratie n'a pas joué son rôle : le rôle éminent qui est donné par leur mission même à ceux qui veulent conduire vers un avenir apaisé et réparateur le prolétariat. Ce n'est pas au jour de la guerre, ni exactement la veille qu'il la faut seulement juger. Elle a tout toléré, tout accepté et armée de journaux et de bulletins de vote, retenant en elle près de quatre millions de suffrages, elle n'a pas vu que la force interne de l'autocratie la briserait : ou bien, l'ayant vu, elle n'a pas pu l'empêcher.

Sans doute, elle a fait entendre à certains jours, au lendemain de Saverne, par exemple, des protestations, mais elle n'a pas pris une position irréductible : c'est ce qui explique que Kautzky, interrogé par Jaurès en 1913, à Dresde, afin de ne lui laisser aucune illusion, disait au socialiste français : « Ne comptez pas sur mes camarades en cas d'agression contre la France. » Et j'ai entendu citer, plus ancienne et plus formidable, une parole du vieux Bebel, prononcée, en 1904, à Amsterdam. Jaurès lui demandait à quoi servaient des millions de suffrages accumulés dans des boîtes de scrutin et quel usage les socialistes allemands en pourraient faire contre un régime d'autocratie qui pensait les mener à la guerre. Bebel répondit : « L'empereur est au-dessus des classes. »

La patrie est au-dessus des classes, mais l'empereur ! Ainsi on acceptait délibérément l'absorption légitime d'une nation par un homme, non pas même par un homme issu d'elle, mais par un monarque imposé. Comment la social-démocratie a-t-elle pu fonder cette doctrine d'asservissement politique au moment où elle rêvait de libérer le monde économique ?

Et maintenant ? L'empereur n'est plus au-dessus des classes, et on dit que Scheidmann, sous-secrétaire d'État en 1918, apprenant l'abdication au peuple, sous une forme que je n'ai pas pu vérifier, dit : « Le peuple allemand a vaincu sur toute la ligne : la vieille pourriture s'est désagrégée d'elle même, l'ère du militarisme est terminée, les Hohenzollern ont abdiqué ! » Soit ; mais où va-t-on en venir ?

Le traité de paix a été accepté par l'Allemagne après un an de débat entre alliés, et elle a renouvelé son adhésion par le vote du 10 mars 1921 au Reichstag. Il est rigoureux, dit-elle ; cependant il n'impose pas aux vaincus les frais de la guerre quand la France se les a vus imposer en 1871, et de ce chef, se perpétue dans les nations alliées, accablées sous les arrérages de leurs dettes, un trouble financier et économique profond.

Nous occupons la Rhénanie ? Pendant trois ans, de nombreux départements français furent occupés et les troupes allemandes n'ont évacué qu'après le payement de l'indemnité.

L'indemnité est trop lourde ? Je n'ai pas, avec le recul du temps et la diminution de la valeur de l'argent, à calculer ; mais il me semble qu'à confronter la guerre de 1870 et celle-ci, leur durée, leur ampleur, leur cruauté, les disparitions différentes d'hommes et de choses, les cinq milliards de 1870 représentent, par rapport aux sommes d'aujourd'hui, proportionnellement, une somme énorme.

Et puis les Allemands ont-ils réfléchi au mal causé ? Pour ne plus parler des morts, en ne prenant que les choses et les vivants, il y a dix départements français représentant, par leur richesse industrielle, minière, agricole, commerciale, la moitié, ou au moins le tiers, de la fortune de la France, qui ont été détruits, pillés. On a démonté jusqu'aux outils et on a emporté au fond de l'Allemagne, jusqu'aux bestiaux, jusqu'au linge de corps. Les soldats français habitant ces pays sont revenus, paysans, ouvriers, industriels, propriétaires. Qu'ont-ils retrouvé? Le désert et la mort. L'anarchie jusque dans les ruines.

L'Allemagne devait payer; elle s'est systématiquement ruinée comme Etat, organisant sa propre banqueroute. Pendant ce temps, la France, qui avait emprunté pour se défendre, a emprunté pour restaurer; elle a, au compte de l'Allemagne, depuis quatre ans, versé 96 milliards de francs pour relever ses ruines et pour payer les pensions des veuves et des mutilés.

Et le soldat allemand? Il est rentré, il a retrouvé le foyer intact, l'usine debout, le champ respecté. C'est la France qui paye! Et l'Allemagne est responsable et vaincue! On ne peut pas cependant demeurer indifférent à ce spectacle.

Les alliés ont fait à l'humanité le don formidable des millions de soldats qui ont abattu l'autocratie. Le rêve ancien du désarmement devient chaque jour une réalité et nous serions plus près d'elle si l'Allemagne, tourmentée comme un volcan, ne demeurait mystérieuse en ses desseins et soumise, par son état, à de brusques soubresauts...

Les réparations voulues par l'histoire sont faites. Sur la ruine des autocraties a revêtu, pour de jeunes peuples, la liberté. Mais il manque la sécurité. La

France l'appelle, hostile aux conquêtes, aux guerres, aux aventures, comme toujours ; mais tout cela ne peut s'établir que par la volonté, en Allemagne, des hommes qui pensent et qui peuvent faire penser.

La situation reste économiquement grave. La baisse du mark est un fait brutal. Mais on ne peut laisser dire, et je crois que, en Allemagne même, des écrivains ne l'admettent pas plus que nous, que cette chute est consécutive au traité de paix. Au lendemain de l'armistice et au lendemain du traité, la situation du mark était toute autre. Qu'est-il arrivé ? Il est arrivé d'abord qu'on a spéculé sur le mark, qu'on l'a acheté au-dessous de son prix normal avec l'arrière-pensée de le faire monter et de clore l'opération chanceuse par un profit. Des financiers allemands, d'autres aussi dans d'autres pays, ont agi de la sorte. La conséquence fut brutale. Le mark baissa, et, quand cette baisse eut décidément commencé, elle fut accélérée par l'apport sur les marchés, à pleines mains, des marks déchus, réservés pour une spéculation heureuse.

Il y a aussi une autre raison : l'Allemagne a, pendant la guerre, accru son outillage et fortifié son industrie, qui n'a rien perdu. De là, dans ses mains, des réserves formidables qui nous ont manqué à nous, qui ont manqué aux autres peuples attaqués. Comptant sur un renouveau, espérant l'accélérer par des exportations, l'Allemagne a amplifié ces exportations. Pratiquant, comme avant, un dumping excessif, l'Allemagne, déjà faible, s'est affaiblie, comme ce serait d'ailleurs affaiblie une Allemagne forte : elle a jeté ses produits au monde, a épuisé ses stocks, a laissé à l'étranger les sommes représentatives des opérations. Pendant ce temps, sans ressources, ne pouvant acheter les matières premières que difficilement, subissant comme nous tous la hausse du change, et celle des matières, et celle des salaires, elle n'a pu offrir qu'un moral décomposé par ses opérations mêmes.

Voilà les causes générales de cette situation évidemment critique. L'Allemagne doit reprendre une autre conscience. Ce n'est pas par des intrigues monarchistes, qui suscitent la colère populaire, ou par un débordement de démagogie, qui amène fatalement la réaction, qu'elle peut prétendre au salut.

Où est l'issue pour les Allemands qui peuvent agir ? Que peuvent-ils, pris entre deux périls ? Comment peuvent-ils échapper au trouble d'en haut et au trouble d'en bas ?

Entre les deux extrémités, je crois, pour moi, que la démocratie allemande peut encore être sauvée à la condition que les démocrates allemands comprennent qu'il ne suffit pas d'avoir un régime pourvu des attributs de la république, la liberté de la presse, le suffrage universel, la grande responsabilité, mais d'en avoir la mentalité.

L'Allemagne veut vivre. Nous le voulons aussi, nous y aidons, nous cherchons à la rapprocher dans des entretiens économiques, nous souhaitons tout ce qui pourra ranimer l'effort utile et concordant des travailleurs en cette Europe si souvent visitée par la

douleur humaine. Mais le monde aussi veut vivre.
Pour vivre, il lui faut les réparations matérielles auxquelles il a droit. Il vit aussi de justice et il n'y aurait
pas de pire incitation, pour l'avenir, au meurtre collectif de nation à nation, que le scandale d'une guerre
qui serait un crime impuni.

(Août-octobre 1922.)

Seine-Port.

FIN

TABLE DES MATIÈRES

IMPRIMERIE RAMLOT & Cⁱᵉ
52, avenue du Maine, 52
PARIS (14ᵉ)

Imprimerie o o o o o o
o o RAMLOT & Cie o o
52, Avenue du Maine — Paris